に学ぶ
ていねいな暮らしと美しい人生

枡野俊明

朝日文庫

本書は二〇一一年二月、小社より刊行された『そのままで　心を楽にする禅の言葉』を改題し、加筆・修正したものです。

はじめに

現代社会で生活している人は、日頃慌ただしい生活を強いられ、気がつくと多くの年月が過ぎ去っていた、という気持ちを持つ人はたくさんいるのではないでしょうか。

また、日常の生活にストレスを感じながら、心が押しつぶされそうになり、その苦しさに耐え続けている人。この一生をどう生きればよいのか、そう考える余裕もなく、ただ悩み、苦しんでいる人。定年を迎え生きる目的を見失ってしまった人。今、多くの人が、どう生きればよいのか答えが見つからずに悩んでいる。これが現代社会です。

それでは、どのように暮らせば人生をより豊かに、心静かに暮らせるのでしょうか。その答えを「禅語」に見つけることができます。

「禅語」とは、禅僧が長年命がけで厳しい修行に打ち込み、その体験から会得した自由自在で闊達な心の状態を、言い表した言葉です。祖師方の会得した境地そのものが、「禅語」という言葉になって表されているのです。

雲水生活もけっして長くはなく、浅学非才な私には及びもつかないものであります。

まして、その「禅語」について著述することは真におこがましいことでありますが、私自身、これまで日々の生活の中で、判断に迷ったとき、悩んだとき、これらの禅語が気持ちを支えてくれ、勇気を与えてくれ、今日まで前へ進んでこられたことは事実です。このように、私にとっての「禅語」は生きていく上での道しるべでもあります。

私は建功寺という禅寺の住職を務めるとともに、庭園デザイナーとしても活動をしていますが、現在では海外の国々から直接、禅芸術としての庭園をデザインしてほしいとの問い合わせが舞い込んできます。事実、アメリカ、シンガポール、香港、中国、インドネシア、イラン、ラトビアの海外プロジェクトを抱えております。この中でイランのみが政府の日本大使館プロジェクトですが、後はすべて海外から直接依頼されたものです。これを見ましても、「禅」がいかに海外からも注目を集めているかお分かりいただけるでしょう。禅芸術としての庭園もさることながら、その庭園をつくり上げている背景に存在する「禅」そのものに大きな興味が注がれているのです。

禅は、人間がこの世で生きてゆく根本となる教えです。その教えを象徴するのが「不立文字《ふりゅうもんじ》　教外別伝《きょうげべつでん》　直指人心《じきしにんしん》　見性成仏《けんしょうじょうぶつ》」という言葉です。これは、文字や言葉にとらわれることなく、今ここに生きる人間の心そのものを問題にする、ということです。言い方を変えれば、「本来の自己と出会う」ことが禅の目指すところです。それはこの世の真理を体得することでもあります。難しく考えることなく、今、自分の目の前のことに全力で取り組むこと。その瞬間、瞬間を生き切ること。そして、今、ここに生かされている「いのち」をありがたいことと自ら感じ取ることでもあります。

そのためには、物事に対する考え方や見方を少し変えてみる。自らの心を縛っている執着心や妄想、煩悩から抜け出そうとする心を持つことです。それが「禅」の教えです。

「禅語」には、人が幸せに生きるための考え方やヒントが、凝縮されています。禅の考えを生活の中に取り入れることにより、人は、心安らかに、そして、心静かに、しかも前向きに暮らしてゆくことができるようになります。勤めには定年がありますが、人生には定年はありません。生きている一生が現役なのです。この一生を「我が人生はいい人生であった」と思って旅立てるよう暮らしたいものです。

本書は、現代社会に生きる人々に勇気と豊かな人生を送ってほしいとの願いから執筆しました。「禅」というと難しいものととらえられがちですが、できるだけ分かりやすく書いたつもりです。

「禅」は難しいと敬遠されることなく、この本をいつまでも皆様の傍に置いていただければ、きっと役に立つときがあるはずです。そう願ってやみません。

合掌

枡野俊明

禅の言葉に学ぶ　ていねいな暮らしと美しい人生／目次

第2章　人間について

禅の言葉に学ぶ　ていねいな暮らしと美しい人生

第1章　心について

「我を忘れて　そのものになりきる」

遊戯三昧　ゆげざんまい

【この禅語の意味】

仕事も勉強も目的を持って何かを行えば、それはその目的のために行うということであり、常に結果が気になるというのが、人の常である。

しかし、「遊戯」とは、目的や評価などとは全く関係のない世界。損得など関係なく、何かに夢中になり没頭し、そのものになりきることの重要性を意味するのである。

今自分の目の前にあるもの。今自分がやろうとしていること。そのことだけに心を集中させて、そのものになりきる。これが禅の根底に流れる考え方です。なりきるということはすなわち、物事の本質に目を向けるということです。自分の本来の心はどこにあるのか。今やっていることの本来の目的は何なのか。

たとえばあなたは、どうして仕事をしているのでしょう。本来の目的とは、自分や家族が幸せになるためではないですか。心豊かに暮らしていくこと。それが願いだったはずです。ところが仕事をしていくうちに、その目的が変わってきたりします。同期の人間よりも出世したい。あるいはもっと大きな家を建てたい。そういう気持ちが湧き出て、そのことに執着するようになる。幸せになることが本来の目的だったはずなのに、いつの間にか家を建てたり、出世することが目的となってしまう。それはけっして、幸せへの道にはつながっていません。

今自分は何のために仕事をしているのか。自分が生きている意味はどこにあるのか。そして誰のために生きているのか。そのことにだけ心を寄せ、目の前のことに没頭することです。禅で言うところの「三昧」とは、世間でよく言われる「釣り三昧」や「ゴルフ三昧」とは異なります。物事への執着を解き放ち、やるべきことになりきるということです。

「功徳を求めなければ清々しく生きられる」

無功徳　むくどく

【この禅語の意味】

この禅語は、達磨大師と梁の武帝との問答に出てくる言葉である。梁の武帝は、達磨大師に「これまで寺をつくり写経をし、たくさんのことを仏教興隆のために尽くしてきた。どのような功徳があるのか」と尋ね、達磨大師は「無功徳」と答えた。これは、禅の行為は無心無作で、果報を当てにして求めてはいけない、という意味である。

功徳を求めず、こだわらないとき、人間は何よりも清々しく生きられるものだ。

結果ばかりを追い求める世の中になりました。物事の過程などはどうでもいい。結果さえ良ければそれでいい。仕事で言えば、それは成果ということになるでしょう。成果を出した人ばかりが評価されます。成果を出すためには、どんな手段を使おうが咎《とが》められない。途中でサボっていても、多少他の人を傷つけようとも、結果を出す人が良しとされる。この考え方は明らかにアメリカから来たものです。

アメリカ社会は結果が重視される社会です。プロセスはどうであっても、ともかくいい結果を求められる。それは多民族国家であるがゆえに、プロセスの評価基準がバラバラであるからでしょう。それを批判するつもりはありませんが、こうしたアメリカ型の考え方は、日本には馴染まないように思います。

日本人は昔から、物事のプロセスを大切にしてきました。一生懸命に努力をすれば、たとえ失敗に終わってもかまわない。成果がそのときに出なくても、努力したことはけっして無駄なことではない。いつかきっと、その努力が自分自身を支えてくれる糧となる。そういう考え方をしていたものです。結果にばかりとらわれずに、今あることに努力を惜しまない。そして、見返りを求めない。そういう生き方を心がけていれば、自ずと道は開けてくる。心も清く生きられる。心からの努力は、絶対に無駄にはならないと信じています。

「生きていることは　ありがたし」

独坐大雄峰　どくざだいゆうほう

【この禅語の意味】

この禅語は、ある僧が、「如何《いか》なるかこれ奇特事《きとくじ》」（仏法の玄妙なるところはどのようなものか・仏法は何が一番ありがたいのか）と問うと、八世紀の中国唐代に活躍した百丈懐海禅師が「独坐大雄峰」と答えたことに由来する。

大雄峰とは百丈禅師が住む百丈山のことであり、「今、この大雄峰で坐っていることだ」という意味である。百丈禅師の返答の真意は、「今、自分はここに生きていることが、ありがたいのだ」ということにある。

私たち人間は、生まれた瞬間から死というものを背負っています。人はいずれ死ぬという真実からは、誰も逃れることはできません。もちろんそんなことは百も承知でしょうが、日々の暮らしに埋もれている中で、ついその真実を忘れがちになるものです。

私たち僧侶は、常にそこに思いを寄せながら生きている。しかし普通の人は、いつも死を意識することなどないでしょう。大病を患ったり、あるいは近しい人の死に接して初めて、それを強烈に意識する。そういうものかもしれません。

常に死を意識するべきだと言っているわけではありません。死の裏側にある生を意識することが大事なのです。当たり前のように毎朝目が覚める。そして当たり前のようにご飯を食べ、一日が始まる。それは、私たちに与えられたすべての臓器が働いてくれているからです。そのことに少し目を向け、感謝の気持ちを持つことです。

生にはいつの日か終わりがやってきます。無為な日々を過ごしていても、時はどんどん過ぎていく。せっかく与えられた命の時間。それを無駄にしてはいけません。生があるから喜びや悲しみがある。生きているからこそ悩みが生まれてくる。人間にもたらされるすべてのことは、生きていればこそのもの。その素晴らしさに気づくこと。生きているということに感謝をすることです。

「本当の自分を見つける」

庭前柏樹子　ていぜんのはくじゅし

【この禅語の意味】

中国唐代末の偉大な僧である趙州従諗《じょうしゅうじゅうしん》禅師が、ある僧に問われた。「如何《いか》なるか祖師西来意」（禅の端的とはどういうことでしょうか。達磨大師はインドから中国へ何をしに来たのでしょうか）。それに対して趙州禅師は「庭前柏樹子」（庭の柏樹子）と答えた。禅師の心には国境などなく、見るもの、聞くもの、存在するものすべてが、ただ庭の前の「柏樹子」（植物の一種）なのである。禅、仏、悟りという境涯を超えた「無心」の心を趙州和尚は示そうとしたのだ。これは「本当の自己」に目覚めることの大切さを示唆しており、僧の問いには「本当の自己」とは何なのかということが含意されている。

「自分とは何者だろうか」「本当の自分はいったいどこにあるのだろうか」。そういうことを考えたりすることがあるでしょう。会社に行けば仕事をする自分がいる。家に帰れば親としての自分がいる。仲間と会えば、また別の自分が顔を出す。果たしてどの自分が本当なのか。

日常生活の中では、人は執着や欲望、雑念などに縛られています。自分の本意ではないけれども、立場上せざるを得ない。あるいは欲望を満たすために、不本意なこともしてしまう。そういう執着心の中で、自分自身を見失っていくのです。

しかし、この世に生まれたときには、執着や雑念など一切ありません。美しく清らかな自分がそこにはいます。生まれたときから執着を持っている人間などいない。一点の曇りもない、鏡のような自分自身がそこにはいます。それを禅では「仏」と呼ぶのです。つまり、「本来の自己」と「仏」とはイコールということです。この生まれたときの「仏」と出会うために、私たちは修行を重ねているのです。こうした純真無垢な自分に還ることは難しいでしょう。ならば、幼少時代の自分を少し思い出してみてください。幼い頃の気持ちを思い出すことで、本来の自分の姿が見えてくるかもしれません。それこそが、「自分とは何者だろうか」という問いかけに対する答えなのです。

「まわりに振り回されない」

八風吹不動　はっぷうふけどもどうぜず

【この禅語の意味】

八風とは、「利《り》」(順調)、「衰《すい》」(意に反すること)、「毀《き》」(人を悪く言う)、「誉《よ》」(ほめる)、「称《しょう》」(たたえる)、「譏《き》」(人の欠点を見つけて悪く言う)、「苦《く》」(身心を悩ます)、「楽《らく》」(身心を悦ばす)のこと。これらの風が人の心をあおり立てるから八風という。

衰、毀、譏、苦の風が吹くと人は落ち込み、逆に、利、誉、称、楽の風が吹くと自分の力で何もかも成し遂げたと有頂天になる。だが、禅の世界では、どのような風が吹こうと動ぜず、むしろその風を楽しむ過ごし方を良しとするのである。

人間は生きていると、さまざまな感情が生まれてきます。喜びや悲しみ、嫉妬や憎しみといったものです。しかし、そうした感情にいちいち流されていると、結局は自分を見失うことになるのです。

特に妬みという感情はとても厄介なものです。自分のほうが仕事ができるのに、どうしてあいつばかりが出世するのか。お隣の家は新しい車を買った。我が家にはとてもそんな余裕はない。羨ましい。人と比べて羨む心。そんなものに流されてはいけません。

どうして人間は比べたがるのでしょう。比べるから、そこに上下ができたり、順番が生まれたりする。もちろん社会で生きている限り、どうしても他人のことは気になるものです。全く他人と比較することなく暮らしていくのは難しいでしょう。しかし、必要以上に比較しないことです。「人は人。我は我」。そういう気持ちを持っていれば、他人を羨む気持ちも少しは減ってくるでしょう。

嫉妬心からは何も生まれません。相手と比較することで、自分も頑張ろうと思うことは力になります。それは嫉妬心ではなく競争心だからです。競争心はプラスになりますが、嫉妬心はプラスには転じることはない。そんなものに振り回されていることこそ、人生にとっては大きなマイナスです。もう一つ怖いのは、嫉妬心は膨張し続けることです。

「本来の自分は清らかな存在」

本来面目　ほんらいのめんもく

【この禅語の意味】

この言葉は、生まれる前から自分の中に埋もれている、清らかな真実なる姿を意味する。禅語録では「父母未生《ふぼみしょう》以前《いぜん》本来面目」（両親が存在する前からある本来の自分の姿）としばしば出てくる。

本来の自分の姿は清らかで、尊いものなのだ。人間に善悪や是非などの二元的意識が生まれる前の、根本的で純粋な自己の存在をいう。作為されない真実なる命は、汚されない中に見出すことができるのである。

善人・悪人という二分した言葉があります。禅の中にはこうした考え方はありません。すなわちそれは、人はみんな生まれたときには善であるからです。生まれたときから悪人という人間はいません。誰もが美しい真っ白な心でこの世に生まれてきます。それが社会の中で生きていくうちに、執着心や自我に包まれてきます。また、悪人と縁を結ぶことによって、善人が悪いことをしてしまうこともあります。

失敗することは誰にでもあります。他人に迷惑をかけたり、あるいは悪事を働いてしまうこともあります。ならばそういう人は、一生悪人として生きていかなければならないのか。もしそうであれば、人間は救われることはありません。たとえ一度の過ちを犯したとしても、それを深く反省し、悪との縁を断ち切る努力をすることです。

私たちはつい、あの人は良い人だ、あの人は悪い人だと決めつけがちです。何を根拠に人の善悪を決めつけているのか。おそらくそこには、風評や見た目といったものが影響しているのでしょう。つまりは「色眼鏡」をかけたままで人を判断しているのです。

その色眼鏡を外すことです。人はみんな、心に善と悪を持っています。どちらかしか持っていない人間はいません。そして人はみんな、清らかな存在として生まれてくる。お互いに持っている清らかさを信じ合うことです。

「変幻自在な心を得る」

柔軟心　にゅうなんしん

【この禅語の意味】

人はとかく自分の都合や立場で物事を考え判断してしまう。その場合いつも自分が中心となる。これが自我である。「柔軟心」は、この執着や偏見などで凝り固まった自我を捨て、真に自由になった心のことをいう。道元禅師は、これを「身心脱落《しんじんだつらく》」といった。禅師の記した『宝慶記《ほうきようき》』に「仏々祖々、身心脱落を弁肯《べんこう》す。すなわち柔軟心なり」とある。何物にもとらわれぬ柔軟心を得るには、坐禅が一番である。これは捨てるという端的な行為なのだ。

「ねばならない」という考えに取りつかれてはいませんか。「朝には二十分のウォーキングをしなければならない」「朝食はこれを食べなければならない」「夜は十二時前には眠らなくてはならない」。一日中、自分が決めた「ねばならないこと」に従って生きている。もちろん規則正しい生活をすることは大事ですし、自分を律することも必要なことです。しかし、あまりにも執着すると、それが却ってストレスを生むことにもなりかねません。もう少し、柔軟な心を持って生きることも大切なことです。

ウォーキングにしても、体調が悪いのに無理をしてやる必要もないでしょう。いつもの朝食を頑なに守ろうとすれば、旅行に行っても落ち着きません。健康のためにいいと思って始めたことが、いつの間にか義務のようになってしまう。それは本末転倒です。

「ねばならない」というものは、言い換えれば強烈な自我でもあります。この自我が自分の中だけで留まっているうちはいいのですが、やがてそれは他人に向けても出てきます。「朝のウォーキングは健康にいいから、あなたもやりなさい」という押しつけが生まれてくる。良かれと思って言っているのでしょうが、相手にとってみれば余計なお世話です。もっと心を柔軟に持つことです。いいとか悪いとかを決めつけないで、どちらも受け入れる心の「糊しろ」をつくっておくことです。

「なりきることの尊さ」

喫茶喫飯　きっさきっぱん

【この禅語の意味】

この禅語は、「茶を喫するときには茶そのものに、飯を喫するときには飯そのものになりきる」大切さを説いている。曹洞宗の大本山總持寺のご開山瑩山《けいざん》禅師は「飯に会うては飯を喫し、茶に会うては茶を喫す」と言っている。

ここで言う「喫する」という言葉は、人生そのものを指す。その瞬間その瞬間、相対するものそのものになりきること。その行為に生命と一つになっている様の大切さを表している。

仕事は辛いもので、遊びは楽しいもの。本当にそうでしょうか。人間の喜びとはどこから生まれるのか。人間の楽しみや苦しみといった感情は、どこに宿っているのか。仕事だから苦しく、遊びだから楽しい。そういうものではなく、楽しさは心の中にあるのです。今やっていることに対して、一生懸命に集中する。その他のことなど何も考えない。そんな状態になったとき、私たちは楽しさや喜びを感じることができるのです。

たとえば釣りが趣味だという人は、釣りをしている時間がとても楽しいでしょう。好きだから楽しいということだけでなく、その瞬間釣り竿そのものになりきっているからではないでしょうか。まさに自分の心と竿が一体化している。水面に浮かぶ浮きだけに神経を集中している。この一瞬に喜びがあるのです。

ある作家の話によると、物語を書き進めているうちに、まるで自分自身が主人公になっているような感じがあるそうです。まさに自分と主人公が一体化している。そうなれば、もう小説を書くことが楽しくて仕方がない。締め切りがあるからと書き始めた原稿が、止められないほど楽しくなってくるそうです。こうなればもう、書くことが仕事だという気持ちはなくなってきます。そのものになりきったとき、人は無常の喜びに包まれるのです。

「ありのままの姿でいる」

眼横鼻直　がんのうびちょく

【この禅語の意味】

この禅語は、道元禅師が、宋に渡って、如浄禅師のもとで悟りを開き、日本に戻った際に語った言葉に由来している。

「眼は横に並び、鼻は縦に真っすぐついている。自然のありのままの姿を、ありのままに受け止め、心乱すことなく生きること」の重要性を意味している。

何も着飾ることのない、ありのままの自分。それはどこにあるのか。どうすればその自分と出会えるのか――。

かつて身分制度が確立され、それに縛られていた時代。千利休は「茶室は清浄無垢な仏国土である」と言いました。ひとたび茶室に入れば、そこには身分も何も関係がない。あるがままの人間をさらけ出すことになります。その考え方のもと、利休は茶室をつくる際に「にじり口」というものを設えました。四角形の小さな出入り口で、大人の男がやっと通れるくらいの大きさです。茶室には武士たちもやってきます。武士の腰には太刀と脇差の刀が携えられています。太刀のほうは、寄付きで預けることになります。ところが短い脇差のほうは、最後まで置こうとはしません。いつ襲われるかもしれない。そんな恐怖があるからか、寄付きでも絶対に手放そうとはしません。しかし、いざ茶室に入ろうとすると、どうしても「にじり口」に脇差が引っかかってしまう。結局は脇差を刀掛けにかけて、茶室へと入る。利休はそこまで考えて「にじり口」の大きさを決めたといいます。

太刀も脇差も持たない武士。それこそがその人間のありのままの姿です。社会的立場や肩書といった太刀を取り除いた自分。そこにはどのような自分が見えるのか。それがあなたの、ありのままの姿です。

「いつでもどこでも心静かにいる」

動中静　どうちゅうのじょう

【この禅語の意味】

静かな心は静かなところでしか得られない、と考えるのは一般的な考えであるが、禅の世界では、日常の生活の真っただ中にあっても「静」を保つことこそが、真の境地をつかんだ人のなすことである、としている。

相対的な評価や、周囲の声、誘惑などに惑わされることなく、何物にもとらわれない静かな心を保つことの大切さを含意した言葉である。

心静かに、いつも穏やかな気持ちで過ごす。そうすれば余計なストレスから解放され、身体の調子も良くなってきます。ところが忙しい現代社会においては、心静かに過ごすことが難しいものです。次から次へとやってくる精神的な圧迫感。怒りや焦りなどの感情。その感情の波にのまれながら私たちは生きているのです。

心を静めるもっともいい方法。それは呼吸にこそあります。禅の修行僧が坐禅を組むとき、必ず丹田呼吸を行います。丹田とは、おへその少し下あたり。ここを意識しながら息を吐いたり吸ったりする。坐禅のときのみならず、常にこの丹田呼吸を心がけています。

怒りの感情が湧き出てきたり、焦りや不安感といったものに襲われたとき、人は必ず胸で呼吸をしているものです。この状態では、穏やかな気持ちになるどころか、適切な判断を下すことさえできません。こういう状態が長く続けば、やがてそれは大きなストレスを生むことになります。

心が騒がしくなったとき、まずは丹田に気持ちを集中させて、ゆっくりと呼吸をしてみてください、ただそれだけのことで、気持ちは随分と穏やかになるものです。そればかりでなく、丹田呼吸は人間の集中力をも高めてくれます。これは日頃の訓練次第で、誰にでもできるようになります。

「考えない」

非思量　ひしりょう

【この禅語の意味】

考えない、思索をしない、ということ。この禅語は坐禅中の心得に由来する。

坐禅中は、とにかく何も考えないことが要である。何も考えないようにしようと思うと、逆にそのことにとらわれてしまう。それでは駄目だ。頭の中に浮かんでは消え、消えては浮かんでくるものは、そのままにしておく。頭の中に浮かぶさまざまなことは、自然と消えていく。大脳の働きを休め、手足を動かすことを止め、呼吸を整え静かに坐る。自然のままでいる。これが坐禅の思想、すなわち、非思量である。

大本山總持寺の貫首をされていた板橋興宗禅師に、こう言われたことがあります。「頭で考えてはいけない。頭で考えてばかりいるから、それこそ頭にくるのです」と。まさに言い得て妙です。

禅師の話の通り、私たちはつい頭ばかりで考えてしまいます。その結果として、「この野郎」とか「こんちくしょう」という感情が増幅してきます。イライラが爆発して、感情のコントロールがきかなくなってしまう。そうなればつい、怒りを言葉に置き換えて相手にぶつけてしまいます。ならばどうすればいいのかを板橋禅師に尋ねました。禅師曰く。

「相手に何を言われても、すぐさまそれに反応するのではなく、まずは、『ありがとさん』と三回心の中で唱えることです」。ありがとさんと唱えていると、その間に気持ちが落ち着いてくる。一呼吸置くことで、自分が頭で考えていることを客観的に見られるようになります。そうすれば、頭に血が上ることもありません。

私もまだまだ修行が足りないせいか、つい頭で考えることがあります。そんなときは、心の中で「南無釈迦牟尼仏」と三回唱えることにしています。そうすると、ふっと気持ちが軽くなります。どんな言葉でもかまいません。頭で考え過ぎないために、自分で呪文をつくっておいてはいかがでしょう。魔法の呪文を見つけてみてください。

44

「世間に流されない」

水急不月流

みずきゅうにしてつきをながさず

【この禅語の意味】

直訳すると、「いかに水の流れが急であっても、その水面に映る月影は流すことができない」ということ。

水の流れは、世間や周りの事象を表し、その上に映る月は、不動なものを表している。

世間の波風によって心が揺れても、本来の自己、すなわち、本心は不動であることを説いているのである。

情報が溢れている社会です。情報がたくさんあることは悪いことではありません。ただし、それらを鵜呑みにして流されてしまっては、自分自身を失うことにもなるのではないでしょうか。

「女性も仕事をするのが当たり前。子どもを産んでも職場復帰するのは当たり前」。仕事に生きがいを感じている女性にとっては素晴らしい世の中になりました。しかし、すべての女性がそうではありません。世間の波に乗り遅れまいとして、必死で子どもを預けて仕事をする。帰りはいつも遅く、子どもは暗い保育園で待っている。かまってあげる時間もなかなか取れない。

子どもに寂しい思いまでさせて、世間の波に乗る必要があるのでしょうか。それが自分にとっての幸せなのでしょうか。

私たちに必要なのは、もう一度立ち止まって、世間の波から離れたところで自分の幸せを考えてみることです。

幸福観は一人ひとり違うものです。

あなたの幸せの波は、あなたにしか見えないのですから。

「豊かなときを使いこなす」

壺中日月長　こちゅうじつげつながし

【この禅語の意味】

中国後漢の時代。薬売りをする老人が、夜になると、店先の壺の中に隠れてしまうという。それを見ていた役人が不思議に思って老人に尋ねたところ、老人はその壺の中に役人を案内した。狭い壺の中には広い庭や邸宅があり、篤い接待を受け十日ほど経ったと思ったが、実は十年も経っていて、周囲には知っている人はほとんどいなかったという話に由来する、〝時間を超越した悟境〟のたとえ。

「壺中」とは、悟りの境地に入ったこと、「日月長」は時間的制約や束縛がなくなったことを意味する。

執着心や煩悩に追われて生きている。それは、縛られた時間の中で自分が振り回されているということです。それを断ち切り、ふっ切ることによって、人はゆったりとした時間の中で生きることができます。その心地よい時間こそが本来の姿であり、そこでこそ「本来の自己」に出会うことができるのです。

たとえば六十歳になって会社を定年になります。それまではまさに、縛られた時間の中で生きていました。毎日毎日仕事と時間に追われ、ひたすらに働いてきました。家族を養うために、会社で評価されるために、縛られた時間を生きてきたわけです。

定年になって、有り余る時間と対峙したとき、戸惑いを感じる人も多いでしょう。するべきこともなく、縛ってくれる何かもない。そこで過去の時間に思いをはせる。あの頃の自分は充実していた。分刻みのスケジュールで動いていた。そんな自分の姿がもっとも輝いていたように感じる。

でもそれは錯覚です。時間や仕事から解き放たれたときこそが、本来の自分の姿なのです。そこには、もっとも自分が輝ける場所があるということを知っておいてほしいのです。壺の中に広がった自分だけの世界。そこに自由な自分を遊ばせる。そしてその自由の中から「本来の自己」を見つけ出す。年齢を重ねてこその、豊かな時間を楽しむことです。

「人間は、一人ひとりが全くの別もの」

銀盌盛雪　明月蔵鷺

ぎんわんにゆきをもり　めいげつにろをかくす

【この禅語の意味】

直訳すると、「銀の椀に雪を盛り、月の明かりに真っ白い鷺が潜んでいる」というもの。どちらも白に白なので、見分けがつかない。銀と雪、明月と白鷺、白という点では等しいが、全くの別ものである。両者とも色では白で同等（平等）だが、質的には差異がある。同等（平等）の中に差異があり、差異の中に同等（平等）がある。これは人間にも全く同じことが言え、自分と似た人はいても、自分は絶対に自分一人しかいない。だからこそ、人間は誰しも自らの本分を生かしきらなければいけないことを意味している言葉なのである。

人間は十人十色。十人いれば十人が違う才能や能力を持っている。この当たり前のことに、もう一度目を向けることです。

「平等即不平等」という言葉が禅の中にあります。平等というのは、イコール不平等であるということです。Aさんと Bさんが同じ会社にいます。上司は二人を平等に扱おうと、同じ仕事を与えます。Aさんは与えられたその仕事が得意です。しかしBさんはそれがとても不得意です。結果として得意な仕事を与えられたAさんは評価され、Bさんは仕事ができないという烙印を押されることになります。これは一見平等に思えますが、実はとても不平等なことなのです。本当の平等とは何か。それはAさんにもBさんにも得意な仕事をやらせてあげること。本人の能力がもっともよく発揮される仕事を与えること。それこそが平等なのです。同じ機会を与えるということは大事なことでしょう。しかし、同じ基準で評価をしたり、人を判断したりしてはいけません。

これは今の学校教育にも表れています。子どもたちを平等という錦のもとに、ひとくくりにしてしまっています。算数は苦手だけれども絵が得意。国語は苦手だけれども科学の実験が大好き。そういう子ども一人ひとりの個性を認めません。人はみんな違うもの。その原点に立ち返ることが必要です。

「そのものになりきる」

一行三昧　いちぎょうざんまい

【この禅語の意味】

精神を集中して一つのものになりきること。これを禅《ぜん》定《じょう》という。この境地に入るのには坐禅が一番であるが、必ずしも坐禅を組まなくてもこの境地に至れる。仕事でも良い、遊びでも良い、また稽古事でも良いのである。無心になりきって行いさえすればその境地に至ることができる。六祖慧能《えのう》禅師は、「どんな環境であれ、行住坐《ぎょうじゅうざ》臥《が》において、わざわざ禅道場で坐禅をしなくても、即今《そっこん》即処《そくしょ》が極楽浄土となる。これを一行三昧と名づける」と言っている。

毎日寝る前に、自らが自分の葬儀を執り行う。そんな有名な禅僧がいました。葬儀をするとはどういうことなのか。禅僧はこう言ったそうです。「今日という日を過ごした自分は、もう今日で死んでしまった。そして明日にはまた新しい自分が生まれてくる。だから毎日私は、今日に死んだ自分の葬儀を執り行っているのだ」と。

これこそが禅の根本の考え方です。過ぎ去った自分は死んだ自分。今の自分だけがこの世に存在し、明日にはまた新たな自分に生まれ変わる。死んでは生まれ、生まれては死ぬ。この繰り返しの積み重ねが人生を形作っている。「生死《しょうじ》」という言葉にはそういう意味があるのです。だからこそ、今という時間を無為に過ごしてはいけません。ダラダラとした時間を過ごす。生きているという実感も喜びもない。このような状態を、禅の世界では「慎んで放逸することなかれ」と戒めているのです。

何も、常に緊張していなさいというのではありません。今自分がしていること。今話をしている相手。それらすべての「今」に集中することです。私たち禅僧は、坐禅を組んでいるときやお経を上げているときばかりが修行ではありません。日常生活すべてが修行なのです。歩いているときも修行。だから禅僧の歩く姿は美しいと言われます。集中する人間の姿は美しいものです。

「大切なものは、いつも眼の前にある」

松樹千年翠　しょうじゅせんねんのみどり

【この禅語の意味】

松の樹は千年もその美しい緑を保ち続けている。それは無言の説法でもある。

この宇宙の大真理、仏の声に気づくことが重要なのだが、人間は、なかなかこの自然界に満ち溢れた説法に気がつかない。

大切なものは、常に自分の眼の前にあることに気づくことを忘れてはいけないのである。

禅語の中にはよく、松や鶴や亀が出てきます。これらはみんな不老長寿の象徴であり、目出度いものだと考えられているからです。たとえば「鶴は千年松に遊び、亀は万年池に遊ぶ」という言葉もあります。松の木はなかなか枯れることがありません。何百年も同じところに立ち、いつまでも変わることのない姿を私たちに見せてくれます。その変わらぬ姿に、私たちは真理を見るのです。

時代がどんなに変わろうが、世の中の仕組みが変化しようが、絶対に変わらないものがあります。生活スタイルは変わっても、人間の心にはけっして変わらないものがあります。実はそれこそが、人間にとってもっとも大切なことでもあるのです。

わが子が生まれたときの喜び、その子が成長していく姿の誇らしさ、そして親を亡くしたときの悲しみ。それはいかなる時代でも変わることはありません。理屈や理性ではなく、心の奥底に誰もが持っている感情です。その変わらぬ心に、目を向けて生きることです。

時代は目まぐるしく変化しています。科学技術はすさまじい勢いで発展しています。しかし、だからといって人間が変化しているわけではありません。変化を否定するのではなく、変化しないものをも肯定する。そういう気持ちを持っていれば、流されることはありません。自分の心の奥にある声に、耳を傾けることです。

「無心のなすこと」

薫風自南来　くんぷうじなんらい

【この禅語の意味】

この語には「殿閣生微涼《でんかくびりょうをしょうず》」という語が続く。

私たちは利害や損得、善悪など、ありとあらゆることにとらわれて生活をしている。この語は、心が、そうした日常のさまざまな感情から離れ、〝自由自在〟〝一切のものから抜け出た心〟、すなわち、「無心境涯」——無心になることの大切さ——を意味している。

私は庭園デザイナーとしての仕事もしている関係で、あるテレビ番組で小学生に庭園づくりを教えるという企画をやりました。五十センチ四方ほどの箱の中に、自分の好きな庭園をつくってみるというものです。

子どもたちが庭づくりをしている姿に、私は感動を覚えたものです。集めてきた枝や砂を使って、一生懸命に作業をしている。まさに無心になってつくっています。褒められたいとか、一番になりたいとか、そんなことなど一切考えないで、ただただ無心につくっています。その美しい姿の中にこそ、禅の精神が宿っているのだと感じたものです。

大人たちは、なかなか無心になれません。一生懸命に仕事をしていますが、無心でやっているわけではありません。その先には必ず評価や序列というものが見え隠れしています。もちろん会社で仕事をする限り、評価を気にするのは当然です。仕事が評価されて出世したいという思いもあって当然です。しかし、その評価だけに執着してはいけません。そこへの執着が強くなればなるほどに、無心ではなく邪心の世界に落ち込んでしまいます。評価や損得を考えずに、とにかく無心になって励むことが大切です。私が知る限りのことですが、出世や評価を気にすることなく、無心に仕事に励んでいる人ほど出世しているものです。無心の美しさに気づくことです。

第2章　人について

「阿《あ》吽《うん》の呼吸」

南山打鼓　北山舞

なんざんにつづみをうてば　ほくざんにまう

【この禅語の意味】

遠く離れた南山で鼓を打つと、それに呼応して即座に北山で踊りを舞う、という意味。

遠く離れた山と山であるから、実際にはあり得ないことであるが、以心伝心、阿吽の呼吸で、お互いに深い縁を築いた師弟などが、心を通じ合い、相手の振る舞いを知って、即座にその心を察して的確に応じることの大切さを説いている。

人と人とが関係を築くとき、言葉で思いを伝えることから始まります。会話をすることによって、互いに心を開くことができます。それまでは話したこともなく、あまり良い印象を持っていなかったとしても、本心を語り合うことで信頼関係を築くこともできるものです。人間関係は、いつも言葉から始まるのです。

そうして関係が深まっていくと、次には言葉がなくても互いの気持ちが分かるようになります。あえて言葉に出さなくても、自分の気持ちは相手には分かっている。そんな関係を日本人は大切にしてきました。欧米から見れば、それは我儘な発想に見えるかもしれません。言葉なくして分かってもらおうなんて図々しいと。彼らはすべての思いを言葉に乗せようとします。それがいい場合もあるでしょうが、その裏側には危うさもあります。

言葉というのはもろ刃の剣です。いくら本心であったとしても、それを直接的に言うことで相手を傷つけることもあれば、互いの関係を壊してしまうこともあります。文字に書いたのであれば、それは消すことができます。しかし一度口から飛び出した言葉は、二度と消すことはできません。言わなければ良かったと後悔しても、もう遅いのです。「阿吽の呼吸」にたどり着くためにも、日頃から自分の言葉に責任を持つことです。言葉が人間関係を築き、また言葉がそれを壊す。そういうものです。

「相手を思い優しい言葉をかける」

愛語　あいご

【この禅語の意味】

この言葉は道元禅師の『正法眼蔵《しょうぼうげんぞう》』の「菩提薩埵四摂法《ぼだいさったししょうぼう》」に出てくる言葉。「触れ合う人に思いやりの心を持って、相手の気持ちを思い優しい言葉をかける、このことを心にいつも留めておきながら語ることが愛語である」。——このようにできれば良いのであるが、なかなかできないのが現実、気がついてみれば、発言は自らがいつも中心となってしまっている。

言葉を発するとき、一呼吸置いてから話すのも一つの方法であることを説いている。

「売り言葉に買い言葉」という言い方があります。相手が発した一言にカチンときて、ついこちらもキツイ言葉を発してしまう。互いに感情的になっていますから、針のような言葉が飛び交うことになります。そこから大ゲンカになってしまいます。長い年月を共に暮らした夫婦でさえ、そういうことはあるものです。いや、長年連れ添って、分かり合っているほどに、その言葉がより強いものになる危険性もあるのです。

人との関係において、頭にくることは誰にでもあります。いくら修行を積み重ねた僧侶でも、人間である限り感情を消し去ることなどできません。ただ、その感情をすぐさま外に出さないで、一度腹の中に落とし込むということを心がけています。ほんの数秒でいいから、言葉をのみ込んでみることです。

この人は本心から言っているのではない。きっと感情が高ぶっているからだ。そう自分に言い聞かせて、次の言葉を発する。そうすることで、言葉は随分と柔らかいものになります。いつも思いやりある、温かい言葉ばかりを使うことなどできません。私たちは菩薩様ではないのですから。でも、少しだけ言葉の刃を丸くすることはできます。その心がけを持つことです。それでもなお、相手が言葉の刃を突き刺してくるのなら、その人との関係を断ってしまえばいい。そこまでその人に執着する必要はありません。

「心と心がつながる」

以心伝心　いしんでんしん

【この禅語の意味】

言葉にならない悟りや真理を心から心へと伝えること。
お釈迦様が霊鷲山《りょうじゅせん》において説法をするとき、信者から捧げられた蓮華を一本手にされ、説法の座に着き、無言のままその華を差し出した。人々は何のことか理解できずにいたが、摩訶迦葉尊者《まかかしょうそんじゃ》だけが微笑した。お釈迦様の悟りの境地が、摩訶迦葉尊者に伝わったとされ、その結果、摩訶迦葉尊者はその法を継ぎ二代目となった。この真理の伝承には全く言葉が存在していない。これを「以心伝心」という。

互いの心と心が通じ合う関係。そんな温かな関係があればこそ、人は生きていけます。親子にしても友人にしても、あるいは隣人にしても、そんな関係の中にこそ人としての幸せがあるのです。そして誰もがそれを求めています。

しかし人間の心とは移ろいゆくものです。学生時代は親友だったのに、社会人になってからは互いに変わってしまった。そういうことがよくあります。何が変わったのか。それは社会的な立場が変わったのです。学生時代の友人が、社会的に高い評価を得た。地位もどんどん上がっていく。それに比して自分はうだつが上がらない。気後れと嫉妬心。そういう感情が湧き出てきて、学生時代のような関係に戻れない。

本当は、何も変わっていないのです。ただ表面的なものが変化しただけです。本質は何も変わらないのに、互いに変わってしまったという思い込みばかりが先走る。社会的に背負う看板ばかりに気を取られて、心からの付き合いができなくなってしまう。こんな寂しいことはありません。

会社名とか肩書とか、表面上の殻にがんじがらめにされていると、相手の本質が見えなくなってしまいます。それどころか、自分本来の姿までも見失ってしまいます。そんなところに、温かい人間関係など生まれることはありません。

「持って生まれたものなど何もない」

本来無一物　ほんらいむいちもつ

【この禅語の意味】

この言葉は、中国唐代の禅僧神秀の「時々勤払拭《じじにつとめてふっしきせよ》」に対する慧能《えのう》禅師のものである。その言葉とは、「菩提《ぼだい》本樹無《もとじゅな》し、明鏡《めいきょう》も亦台《まただい》に非《あら》ず、本来無一物《ほんらいむいちもつ》、何《いず》れの処《ところ》にか塵埃《じんあい》を惹《ひ》かん」。

これは、本来、悟りの樹などない。鏡はものが来ればそのまま映り、去れば消えていく。鏡そのものは何一つ変わらない。人間ももとより無一物であって、塵や埃など付きようがないのだから、払拭の必要もないという意味である。

すべての人間は、丸裸の状態でこの世に生まれてきます。何も持たないで、何の執着心もなく誕生してくる。それが社会で生きていくうちに、いろいろなものを身に付けていきます。学歴や社会的地位、そして財産。まるで生まれたときから手にしているような気になってきます。そして一度手に入れたものは、絶対に失いたくない。何が何でも手放すものか。

でも考えてみてください。死ぬときには、何もあの世に持っていくことはできないのです。何も持たずに生まれ、何も持たずに死んでいく。それが人間の一生です。失うことが怖いから、人は不安感に襲われます。会社の地位を守ることに必死になり、財産を守ることばかりを考える。そしていつの間にか、社会的な地位やお金だけが人生の目的になっていく。それを守るためには他人をも蹴落とそうとします。何かを手に入れることは悪いことではありません。そこに執着することが自分を苦しめることなのです。これは六祖慧能禅師の言葉ですが、これとはまた別の禅語もあります。それは「無一物中無尽蔵」というものです。人間は本来無一物で生まれたけれども、と同時に無尽蔵に広がる可能性を持っている。この無尽蔵の可能性とは、社会的な地位や財産ではない。いかに幸福な人生が広がっているかということです。幸せな人生を送ったという心が、あの世に持って行ける唯一のものです。

「本当に伝える人は一人でよい」

一箇半箇　いっこはんこ

【この禅語の意味】

道元禅師が天童山の如浄禅師から「一箇半箇を接得して吾が宗をして断絶せしむることなかれ」と言われて帰朝した。一箇半箇は一人または半人のことで、本当に法を伝える人間は、数少なくてよい。むしろ漏らすことなくすべての教えを徹底的に教え伝えなさい、という意味である。

何事もたくさんの人に正しく伝えることは不可能であるから、一人でもよいから正しい教えを伝えることが、将来の発展につながるということを示唆している。

「一年生になったら、友達百人できるかな」という歌があるそうです。みんなが仲良くして、たくさんの友達をつくりましょうということでしょう。あまり深い意味はないのでしょうが、どうもこういった風潮が大人の社会にもあるような気がします。

友人はたくさんいたほうがいい。毎日のように飲み会に誘われる人が人気者。スケジュールが埋まっていないと取り残されたような気分になる。付き合いを広げなくてはいけないという強迫観念。広く浅いことが善しとされる価値観。そんな風潮が蔓延しているようです。その結果、コミュニケーションを取ることが苦手な人は家に閉じこもってしまいます。どうせ自分なんかと付き合う人間なんかいないと。大きな間違いです。全く誰とも友達になれない。おそらくそんな人などこの世にはいないでしょう。

本当に心許せる友。互いに分かり合える友人。そんな友人はごく少数いればいい。一人でも二人でも、それで十分です。毎日違う人と飲みに行くより、一か月に一度でもいいから心許せる友と飲む。その時間がきっと、人生を豊かにしてくれます。第一、そんなたくさんの人に、本当の自分をさらけ出すことなどしょせん無理なこと。もしも百人の人に自分を分かってもらおうとしたら、それだけで人生が終わってしまいます。自分に無理をしてまで、人間関係を広げる必要はありません。

「先入観なしに見る」

悟無好悪　さとればこうおなし

【この禅語の意味】

人でもものでも先入観を持たずに、あるがままを認めることができれば、好き嫌いなどなくなってしまう。

人間はとかく評判や先入観に縛られ、その色眼鏡で物事を見てしまいがち。しかし、じっくり観察してみると、実際には評判や先入観とは全く違ったことが多々ある。

本当の意味で納得できれば、好き嫌いなどなくなってしまうはずである。まずは何事も固定観念を持たずに心から接してみることの重要性を説いている。

子どもの頃は、全く曇りのない目で物事を見ていました。正しいと思ったことは正しいと言い、美しいと感じたものは美しいと言う。そこには何の策略もおもねる気持ちもありません。色眼鏡をかけていない純真無垢な心。それこそが、人間本来の姿であると禅の世界ではとらえているのです。その気持ちを思い出してみることです。とはいえ、三十代や四十代ではなかなか難しいかもしれません。まだまだ社会の一線で仕事をし、家庭生活を維持するためには必死になって働かなくてはいけない。いくら色眼鏡で見るなと言われても、見ざるを得ないこともあるでしょう。

相手が社長という肩書を持っていれば、尊敬の念がなくとも指示には従わなくてはなりません。仕事上で力となる人に対しては、やはりお世辞の一つも言わなくてはなりません。純真無垢で社会は渡っていけないのも事実でしょう。

だからこそ、六十歳で定年になったのを機に、もう一度子どもの頃の自分に戻ってみることです。損得勘定ばかりを考えるのではなく、他人を社会的地位で判断するのではなく、物事の本質に目を向けてみる。もう色眼鏡を外しても大丈夫なのですから。きっと、周りの風景は違って見えるはずです。そしてその風景こそが、あなたの人生を真に豊かにしてくれるのです。

「誰しも仏になれる」

悉有仏性　しつうぶっしょう

【この禅語の意味】

仏教の教えは、「山川草木悉皆成仏」——この世のあらゆるもの、山も川も、草木も、存在するものは、皆成仏している。もちろん人間も——というのが基本。

人間の命も、草木の命も、虫や動物の命も皆、その命の大切さには変わりはないとお釈迦様は説いている。どんな人間でも、誰しも仏性を備えている。自分の中に隠れているこの仏性を信じ、いつ、どのようにそれをつかむかが、人間に課せられた大きな問題なのである。

「仏」と聞くと、亡くなった人を思い浮かべる人が多いでしょう。もちろんそれは間違いではなく、亡くなった人のことを仏教でも「仏」と呼びます。ただし一方で、「仏」は、修行により、この世の真理に目覚めた人のことも言います。人間というのは、自然の中の人智を超えたところに生きている。人は自らの力で生きているのではなく、大きな力によってこの世に生かされている。そのことに気づいたのがお釈迦様です。お釈迦様は生きながらにして、この真理にたどり着きました。それを体得したからこそ、布教生活に入っていったわけです。お釈迦様の後には、たくさんの修行僧が続きました。お釈迦様の境地に自分も至りたい。執着心や煩悩を捨て去って、自らも「仏」となりたい。そうして修行を積み重ね、悟りを開いた人間がまた「仏」となっていく。これがもともとの「仏」の意味です。ですから、「仏」と「人間」は連続した関係にあるのです。人間が「仏」になる教えこそが「仏教」です。普通の人間が悟りを開くことはなかなかできません。市井で生活している限り、どうしても執着心や煩悩から解き放たれることはありません。しかし死んでしまえば、もうそこには煩悩が生まれることはありません。好むと好まざるとに関わらず、執着や煩悩は消え去ってしまいます。それが「涅槃寂静」の世界に行くということです。亡くなった人はみんな「仏様」になるとは、そういうことなのです。

「何事も尊敬できる人につく」

薫習　くんじゅう

【この禅語の意味】

日本には衣替えの習慣があるが、その際古来防虫香というお香を入れてしまっておく。すると、再度、衣替えをするときには、衣類がとても良い香りになっている。しかし、本来衣類には何も香りはない。

これと同様に、人間も善悪のいずれの行為も相互に薫習し合う。尊敬できるような人物に長年ついていると、知らないうちに、その尊敬する人物に近い人間に成長することができるのである。

自分を変えてみたいという気持ち。もっと積極的な自分になりたい。もっと明るい自分に変わりたい。そういう気持ちは、年齢には関係なく抱くものです。ところが若い頃にはそういう気持ちがあっても、年を取ってくればその気持ちは萎えてきます。もうこの年になって変わることはできないだろう。もうこのままでいいや。諦めに似た思いが募ってくるものです。しかし、それは大きな間違いです。人間とは、死ぬ瞬間まで成長し続けるものです。変わる力を持っているものなのです。

それまで生きてきた自分を変えることはなかなか難しいものです。自分の力や努力だけでは限界があるでしょう。そこで他人の力を借りて自分を変えることです。変わりたいと思う部分を持っている人を探してみてください。もっと明るい自分になりたいと思うなら、周りにいる明るい人と付き合うことです。性格や行いというのは、鏡のようなものだと思います。とてもいい性格の人と接することで、その人の持つ鏡を通して自分を映し出すことができます。つまり、自分もそうなりたいと願う気持ちがあれば、自然と鏡に映る自分も同じようにいい性格になってきます。ただ真似をするだけでなく、心からその人に敬意を持って見ることです。表面ばかりを真似るのではなく、心根の持ち方を真似してみる。と同時に、あなた自身も誰かの鏡になっていることを忘れないでください。

「手を取り合って共に」

把手共行　はしゅきょうこう

【この禅語の意味】

手を取り合って共に行く、という意味。信頼できる友人と共に人生を歩むことは、大変尊いことである。特に、求道の道を友と語らいながら歩くことは、大変心地よい。しかし、それ以上に、心の奥底にある清らかな心である「本来の自己」と出会った人は、その心と同行二人、すなわち実際の自分と心の中の自分と共に行動できることになる。

これが悟った人の「把手共行」なのである。

お遍路さんが持つ笠には「同行二人」という文字が書かれています。二人で共に行くという意味です。一人はもちろん自分。もう一人とは、実際に一緒に歩く人ではありません。それは自分の心の中にいる弘法大師や観音様なのです。つまりは自分と、自分の心の中の「仏」。これが二人の意味するところです。自らの仏性を信じていれば、何も恐れることはありません。

現実の生活の中にも、心の支えになる存在があるでしょう。どんなに仕事が辛くても、我が子の顔を思い浮かべれば、頑張っていける。まるで我が子が一緒にいてくれるような気持ちになる。少し横道に逸れかけたとき、母親の顔が浮かんでくる。「そんなことはやめなさい」という母の声が心に聞こえてくる。そこではっと自分自身を取り戻すこともある。また、心の中にいるもう一人の自分が、励ましの言葉をかけてくれることもある。

人は一人では生きていけません。よく言われることですが、それは現実的な独りぼっちということだけではありません。心の中に支えとなる人がいるからこそ、人は生きていけるのです。それは家族であり、友人であり、あるいはすでにこの世からいなくなった人かもしれません。そんな人たちがいつもいてくれる。自分を守ってくれている。だから人は、けっして孤独などではないのです。

「無心で一つになる」

清風拂明月　明月拂清風

せいふうめいげつをはらい
めいげつせいふうをはらう

【この禅語の意味】

秋の清々しい夜に、明月と秋風が互いに主となり客となり、無心になり払い合っている様子。

このときの明月と清風とは、まさに一体であり、対立するものではない。

禅の思想は、二元論を嫌い、自他合一と考え、相手の中に自分を生かしていくことをその真髄とする。

善か悪か。成功か失敗か。禅ではこうした二元論を嫌います。何事も決めつけないのがいい。そういう考え方なのです。ところが人は、つい二者選択をしようとする。人間関係においても、あの人とは合うか合わないか。好きか嫌いか。役に立つか立たないか。どうしてもどちらかに決めなければ気が済みません。こうした考え方をすることで、色眼鏡や執着心が生まれてくるのです。あの人はいい人だと決めつけてしまう。そうなればその人に執着して、嫌われないようにと余計な神経を使うことになります。わざわざ嫌われようとすることはありませんが、好かれたいという意識が強過ぎると、結局は対等な付き合いができなくなってしまうでしょう。また、あの人は悪い人だと決めつけてしまえば、その人の言動すべてが悪く思えたりする。本当は自分にとってありがたいことを言ってくれているのに、そのことさえ理解できなくなる。

物事はすべて、どちらか一方に傾いているわけではありません。人間も同じです。一人の人間の中には良い部分も悪い部分もあります。相性がいいところもあれば、合わないところもあります。そのゆらぎの中で私たちは生きているのです。相手と向き合ったときには、いつも無心でいることです。昨日仲違いをしたとしても、それは昨日という過去のこと。今というこの瞬間には関係がない。そういう気持ちで付き合うことです。

「信じ合う関係」

感應道交　かんのうどうこう

【この禅語の意味】

感應道交の「感」は衆生が仏菩薩の救済力を感ずることで、應（応）は、仏菩薩が衆生の要請に応じて赴くことを指す。

禅では、師家と弟子が禅機を投げ合うことである。お互いがお互いを信じ合って、すべてをそこへ投げ出して真剣に人間関係を持つことの大切さを説いている。

心から信じ合える関係を築くためにはどうすればいいのか。それはお互いの鎧を脱ぎ去り、丸腰になって向き合うことです。策略も損得も考えずに、裸の自分をぶつけること。立場や上下関係などに縛られずに、人間同士として相対すること。本当の信頼関係とは、そういうところから生まれるのです。

千利休は、まさにその空間を茶室に実現させました。互いの息使いが聞こえるほどに狭い部屋。武士は刀を持たず、商人は損得勘定を置いてくる。丸裸の人間同士が薄暗い部屋で向き合う。壁に囲まれて、部屋を薄暗くすることで、人間の集中力は高まると言われています。現代社会にはこのような場がありません。昼夜となく明る過ぎる光に包まれ、互いの肩書や社会的地位をひけらかしながら向き合っている。両者の間に存在するのは損得勘定や作為ばかり。もちろんビジネスの上では必要なことでしょう。しかし、このような空間にばかり身を置くことで、ストレスはどんどん溜まっていきます。自分自身の姿が見えにくくなってくるのです。

互いに丸腰で向き合える場所をつくることです。仕事場という空間から離れて、自然の中に入ってみる。風を感じながら二人で話をしてみる。きっと今までにない気づきがそこにはあるでしょう。それもまた、現代の茶室となり得るかもしれません。

「自らをおいて他を先に」

自未得度先度他　じみとくどせんどた

【この禅語の意味】

大乗仏教の教えは、自分を差し置いても、まず他の人を救うという大慈悲行である。これを菩薩行とも言い、「自《みずか》ら未《いま》だに、度《ど》を得《え》ざるに、先《ま》ず他《た》を度《ど》す」と大乗仏教では説いている。

この場合の「度」は、悟りの境地を指している。仏の境地に生きるということは、自分本位、自分中心の心を捨て去り、他の人、他の生き物のために尽くすという生き方を誓うことである。

人間が人間らしく生きられる場。それは学校でもなければ会社でもありません。自分に幸福を感じさせてくれるもの。それはお金でもなければ名誉でもありません。そういう表面的なことではなく、本当の幸せとは心の中にあります。周りの人たちと心が触れ合うような付き合いをし、自分という存在をしっかりと感じることができる。そんな生活こそがもっとも尊いことなのです。

その心からの満足感を得るためには、やはり他人のためになることを考えることです。自分の喜びよりも、まずは大切な人を喜びに導いてあげること。たとえば家族に対する感情も同じです。昼食を息子と一緒に食べに行くとします。自分は蕎麦が食べたい。でも息子はカレーライスが食べたいと言う。けれども自分はカレーをあまり食べたくない。

それでもカレーを食べに行く。それはどうしてでしょう。息子がおいしそうにカレーを食べる姿が見たいからです。自分よりも息子のほうを優先させるのは、それこそが自分にとっての喜びだからです。そうです。本当の喜びとは、自分のために何かをすることではありません。人が喜ぶ姿を見ることこそが、人間にとって一番幸せを感じる瞬間なのです。自分本位の考え方や我儘の中に、幸福の種は落ちていません。幸福の種は、人に撒いてこそ花が咲くのです。

「大河も一滴の水から」

曹源一滴水　そうげんのいってきすい

【この禅語の意味】

禅は達磨大師から数えて六代目、六祖慧能禅師から大きく世の中に広がった。臨済禅も曹洞禅も慧能禅師からの流れを汲んでいる。

慧能禅師は広東省の曹渓に住していたことから、「曹渓」とも呼ばれた。この一門の流れを水の流れに例え、慧能禅師を水の流れの源ととらえ、大河も一滴の水から始まるという意味で、師を讃えて呼称したことに由来する。

物事は一瞬にして進むことはありません。一瞬にして進んだように見えても、実はそこに至るまでの長い道のりや努力があるものです。何事も積み重ねていくことが大切です。人間関係もまた同じようなものでしょう。会社の同僚や近所の人とお酒を飲む。あるいは一緒に旅行をする。互いに高揚した時間を過ごせば、一気にその距離は縮まります。心が盛り上がって一瞬にして分かり合えたような気になる。そういう経験はあるでしょう。それは悪いことではありませんが、一方でこういう積極的なことが苦手な人もいるでしょう。

人間関係を築く方法は、お酒を飲んだり一緒に何かをしたりすることだけではありません。ただ毎日笑顔で挨拶をする。そんな小さな行為からできあがっていくこともあるのです。互いに朝の挨拶を交わす。じっくりと話したことはないけれども、良い印象を双方が持つ。あの人はとても感じがいいな。今度ゆっくりと話してみたいな。そしてある日、一緒に食事に行く。こういう人こそが、一生付き合える友となったりするものです。人付き合いが苦手だと思っている人がいます。何も焦ることはありません。人間関係をつくるのに時間の速さは関係がありません。自分と同じペースの人と付き合えばいいのです。一瞬で高まった関係は、一瞬で壊れることもあります。しかし百回の挨拶から生まれた関係は、ゆったりと長く続くものです。

「微笑みが人の心を明るくする」

和顔愛語　わげんあいご

【この禅語の意味】

心が和らいだ笑顔をし、親愛の情のこもった穏やかな言葉を交わすこと。

明るく柔らかい微笑みと、真心のこもった温かい言葉で人に接することにより、人の気持ちや、ひいては社会をも明るくすることができることを説いている。

「孤独死」という言葉が新聞紙面を躍っています。家族もなく、友人や知人も少なく、独りきりで暮らしている。やがて年老いて病に襲われる。助けに来る人もなく、ただ独りで部屋の天井を眺めながら死んでいく――。

狂おしいほどの孤独感に包まれ、不安感に押しつぶされながら生を終える。こんな悲しいことがあってもいいのでしょうか。そこにはさまざまな原因があるでしょう。家族関係の変化や地域社会の崩壊。行政ではカバーしきれない要因も多々あります。しかし私たちは、それが仕方のないことだと思ってては絶対にいけません。

そこに人間が生きているという気配を感じながら、温かい言葉をかけることをしなければいけません。同じこの世に生きている人間同士として、その関係を断ってはいけないのです。たった一言の親愛なる言葉が、人を孤独の中から救い出してくれるのです。また、独りで暮らしている人たちも、自らの力と意思で外との関わりを持ってほしい。幼い頃にやっていたコマ回しやメンコを今の子どもたちに教えているお爺さんがいます。たくさんの子どもたちを前に、公園で遊び方を教えているそうです。「お爺さん、これはどうやるの?」「今日も教えてくれてありがとう」。こんな一言が、生きる力になっているのです。

人間は、独りで生きていけるほど強くはありません。

「心を和して清寂を得る」

和敬清寂　わけいせいじゃく

【この禅語の意味】

茶の湯でよく使う言葉で、元々は、村田珠光《むらたしゅこう》が「謹敬《きんけい》清寂《せいじゃく》」と言ったものを千利休が「和敬清寂《わけいせいじゃく》」に改めたもの。

和敬は、茶の湯における亭主と客の心得を言い、お互いの個性を敬い和する。そうすることによって、そこにいる人々の心は清々しく寂《しずか》な気持ちになるのである。

今の世の中には「術」が溢れています。「術」とは言い換えれば方法論のことです。「人間関係術」「会話術」「恋愛術」。要するにテクニックばかりに焦点が当たっています。もちろん何事にも術は必要です。「剣術」にしても、まずは刀の扱い方などを会得しなければなりません。どうすれば相手の身体を傷つけることができるか。はっきりと言えばそういうことになります。そうして「剣術」を完全に会得した剣士は、次は剣術の心を学ぶことになります。そして、人を傷つけるのが真の剣術ではないことに気づきます。それが「剣の道」すなわち「剣道」になるわけです。「術」が「道」に昇華したとき、彼らは剣の達人と呼ばれるようになります。そして達人は、剣を使って相手を殺すことはなく、気迫を持って相手を倒すと言います。

人間関係も同じことです。それはテクニックや術ではありません。入り口には礼儀などの術が要るでしょうが、その関係を深めていくのは術ではありません。そこに必要なものは、相手を敬う心です。相手の何かを尊敬するということでなく、そこに存在するその人そのものに敬意を持って接すること。生きているということ自体に敬う心を持つことです。いくら会話が上手でも、いくら相手を喜ばせる術を持っていても、互いに敬う気持ちがなければ、そこに温かな関係は生まれません。「術」に溺れないことです。

「塵を払った清々しさ」

清風拂無塵　せいふうはらいてちりなし

【この禅語の意味】

ここでの「塵」は、煩悩や妄想、雑念を指す。清らかな風が吹いて、これらすべてをどこかへすっ飛ばしてしまった、という意味。

心を縛ってしまう塵がなくなれば、一点の曇りもない心だけが残る、その何と清々しいことか――そこには仏性が現前するのみである。

すべてのものがありのままに映り、清々しくなることの尊さを説いている。

さまざまな「思い」――喜怒哀楽や煩悩――が心に向かって押し寄せてきます。嬉しいこともあるし、悲しいこともある。怒ることもある。人間である限り、それらすべてを排除することはできません。ただ、それらの感情を心に留めておかないことが大事なのです。

こんな話があります。一休さんが弟子と一緒に歩いていると、鰻屋の前から蒲焼のいい匂いがしてきました。「ああ、旨そうだなあ」と一休さんが言いました。それを聞いた弟子は後に、「禅師様、仏に仕える身で鰻が旨そうとは、不謹慎じゃないですか」と言いました。一休さんはニコニコと笑って答えました。「なんじゃ、お前はまだ鰻のことを考えていたのか。わしは鰻屋の前に捨ててきたわい」。

これは、いつまでも「思い」を残してはいけないということです。煩悩や雑念が現れたとき、それを心に留めない。ふっと現れても、心の中をすっと素通りさせる。それをいつまでも留めることで、執着心が生まれてきます。どんどん素通りさせて、忘れ去ることが大切です。

常に心の風通しを良くしておくと、清々しい気分になれるのです。

第3章

時間について

「今日この日を精一杯生きる」

日日是好日　にちにちこれこうにち

【この禅語の意味】

これは中国唐代末の有名な禅僧である雲門文偃《うんもんぶんえん》の言葉。年間を通して考えれば、晴れの日もあれば、雨の日もある。人生もまた同様で楽しい日も辛い日もあるが、その一日一日が最高でかけがえのない日となるよう生きる、という生き方を雲門禅師は説いている。

良き日、悪い日を比べず、悪い日には、荒天、悲境の苦痛を味わいながら、好ましい日には得られない価値と意味を見つけることができたなら生きる喜びが得られるのだ。

今日という一日を大切に生きる。明日に起こるかもしれない悩みに思いをはせるのではなく、今日という日だけを一生懸命に生きる。その今日という「点」が積み重なり、やがては人生という「線」になる。それが禅の考え方です。

もっと言うなら、今日という一日ではなく、今という一瞬に生きることです。たとえば、今お昼ご飯を食べながら、今日の晩ご飯は何を食べようかと考えている。これは今食べているご飯に対して失礼だと思いませんか。農家の人たちが汗水流してつくってくれた野菜。あるいは魚という命をいただいているのに、そこに心を向けないで晩ご飯のことを考えている。きっとこういう人は、晩ご飯を食べながらも、明日の朝ご飯は何にしようかと考えているのではないでしょうか。結局この人は、いったい何を食べているのか分からなくなるでしょう。

そうではなく、今食べているもの、食べているという行為に集中することです。今自分がやっていることにのみ心を集中させる。次のことなど考えることなく、とにかく目の前のことをやり尽くすこと。その「点」が、長く太い「線」となって善き人生につながっていくのです。そして眠るときに、「ああ、今日もいい一日だったな」と思える。そこにこそ、本当の幸せが宿っています。幸せもまた「点」の積み重ねなのです。

「今を生きる」

而今　にこん

【この禅語の意味】

この禅語は、「過ぎ去った時」「この瞬間」は二度と帰ってこないことを意味する。

いくら将来のことを思い描いても、それは頭で考えた世界であって、今の現実ではない。絶対の生命の真実は、「今」しかない。であるからこそ、この「今」を大切に生きる、生きなければならないということを示唆している。

過去・現在・未来という言葉がありますが、禅の世界では、現在というものしか存在しません。「今」というこの瞬間こそがすべてなのです。

昨日というのはすでに過ぎ去った過去です。一時間前も過去であり、もっと言えば、私がこの一行を書いたことさえ、もうすでに過去となるのです。このように次々と死んでいく過去という時間。そこにばかり、心を寄せていてはいけません。大切なのは今というこの瞬間に生きること。一生懸命に今を生きていく。それが未来へとつながっていくのです。

過去を振り返ることはあります。過去の失敗を悔んでみたり、過去の苦しみから抜け出せずにいたり、あるいは過去の栄光ばかりにしがみついていたり。人は誰しもそういう心を持っているものです。それは悪いことではないし、簡単に断ち切れない過去もたくさんあるものでしょう。

しかし、そこにばかり留まっていてはいけません。いつも過去の出来事ばかりを気にしている人は、現在に生きているのではなく、過去の中で生きているということです。身体は現在にあるのに、心は過去に置いてきている。心と身体がバラバラになっている。これは真に生きている姿とは言えません。ほんの一瞬、過去に心を飛ばすことはいい。でも、すぐに現在に引き返すこと。二度と来ない今を生き切ることです。

「一人静かに暮らす」

白雲抱幽石　はくうんゆうせきをいだく

【この禅語の意味】

この禅語は、中国唐代の僧寒山が世俗との関わりを断って、一人静かに隠遁生活をする心境と、俗塵を離れた幽邃《ゆうすい》の深山の風情を表している。

白雲が幽寂な石を抱いているのみ、という意味であり、人間は時には独りの時間を過ごす機会を持つべきであるということを示唆している。

独り暮らしのお年寄りが増えています。家族の絆が弱くなったのか、地域社会のつながりが薄くなったのか。さまざまな要因はあるでしょうが、現実的に増えていることは事実でしょう。そして、誰にも看取られることなく亡くなっていく老人も後を絶ちません。「孤独死」と称されるものです。ただ私は、孤独は悪いことだとは考えていません。孤独という状況を楽しみ、その中から自分や人生を見つめることもできます。また人付き合いが苦手だという人もいるでしょう。自らが好んで孤独な状況に身を置くこともあります。

ところが今の社会では、孤独でいることが悪いことだと考えられています。子どもの中にも、独りでいることが好きな子もいるでしょう。でも実際には、周りがそれを許してくれず、変わった人間だとしていじめにあうこともあります。本来は十人十色であるはずなのに、みんなと同じでなくては許してもらえません。個性を尊重すると言いながら、実は全く逆のことを強要しているのです。

人間には、孤独になる時間が必要なのです。その時間の中にこそ、本当の自分と出会える瞬間があります。自分の中にある仏と出会えることもあります。悪いのは「孤独」ではなく「孤立」です。それぞれの孤独を認めながらも、けっして孤立させてはいけない。孤立死をさせてはいけない。それが世の中の役目なのです。

「やるだけやったら後は待つ」

一華開五葉　結果自然成　いっかごようをひらく　けっかじねんになる

【この禅語の意味】

何事も精一杯努力をする。やるだけのことをやったら、後は待つだけ。自然に結果が実るのを待てばよい。この禅語は、禅宗の初祖達磨大師が弟子の慧可《えか》に与えた伝法の「偈」の中に出てくる言葉である。この中で、達磨大師は、私は迷える衆生を救うためにインドから中国へ来て法を伝えた。一つの花は五弁の花（蓮）を開き、やがて自然に実をつけるであろう。

これと同じように、人間も生まれながら持っている仏性を磨き上げれば、やがて悟りは開けるのである。

一生懸命に努力をした。それでも結果が気になって仕方がない。もしもダメだったらどうしよう。努力が報われなかったらどうしよう。何事も結果を待つ間というのは不安になるものです。

しかしいくら不安感を募らせたとしても、それでいい結果が出るわけではありません。ならばもう、余計な不安など捨てればいい。なるようにしかならないのだから、心配しても仕方がない。そう考えたほうが心は穏やかになります。

努力と結果が必ずしも結びつくわけではありません。自分の力を超えたものに動かされることもあります。人間の計らいごとを超えた力。そんな力があるものです。自分が納得するほどに努力をした後は、その力に結果を委ねることです。

その努力が報われたときには、嬉しくて涙を流すことでしょう。これこそは人生で最高の瞬間かもしれません。反対に結果が出なかったときには、悔し涙が溢れてきます。でもそれは、人生最悪の瞬間ではありません。それもまた最高の瞬間なのです。なぜならば、必死になって努力をしたからこそ悔し涙は出るもの。適当にやった結果が失敗であっても、悔しくはないでしょう。大切なことは、結果に対して涙が流せるくらい真剣に取り組むということです。一生懸命から出てきた涙の数だけ、人生は豊かになるものです。

「家に帰り穏やかに坐る」

帰家穏坐　きけおんざ

【この禅語の意味】

我が家へ帰り、穏かな気持ちで坐る（坐禅を組む）こと。この禅語は、いろいろなところを訪ね、悟りを求めるより、本来の自己に立ち返り、本当の自分の場を見つけ出す境地に至ることを意味している。

迷ったら、家へ帰り静かに坐ると、そこが自分の安住の場である。このことに気づくことの大切さを示唆しているのである。

子どもの頃を思い出してみてください。学校から帰るや否や、カバンを放り出して遊びに行く。ちょっぴり重たいバットとグラブ。夕方になり、もうボールが見えなくなるまで遊んでいる。「じゃあ、また明日ね」と友達に手を振り、家に走って帰る。我が家の窓には明かりが灯り、夕餉の香りが立ち上っている。窓に映る母の姿。嬉しくなって、さらに速く走り出す。友達とケンカをした。悲しくなって一人で家に帰る。玄関の戸を開け、母の笑顔を見た瞬間に、それまで堪えていた涙が溢れてくる。そういう経験は誰にでもあるでしょう。そこに帰る家があるという安心感。そこに帰れば、すべてを受け止めて、包み込んでくれる人がいるという安心感。その温かな安心感があるからこそ、人は外の世界で生きることができるのです。

大人になってもそれは同じです。仕事がうまくいかないときにも、失敗を犯して落ち込んだときにも、どんなときにも自分を温かく迎えてくれる人がいる。待っていてくれる家族がいる。その場所に帰ることです。嫌なことがあったから、居酒屋に寄り道をする。そんな気分も分かりますが、居酒屋はあなたの居場所ではありません。心が寄り道してはいけません。心の寄り道は、必ず迷路に迷い込んでしまうものです。心自分の居場所を大切にすることです。

「元へは帰らない」

不退転　ふたいてん

【この禅語の意味】

もともとこの言葉には、「くじけないこと」「怠らずに行うこと」「固く信じて屈しないこと」という意味があるが、仏教においては、修行によって一度悟ったら、その境地から退いたり、それを失ったりせず、迷いの世界には戻らないことをいう。

この言葉は、堅い信念を持つことの必要性を含意している。

板橋興宗禅師が、七年ほど前に癌を患いました。心配して手紙を書きました。その返信にはこう書かれていました。「癌と一緒に楽しくやっています」と。この一言には心を打たれたものです。八十歳を過ぎた今も、禅師は日々の修行を欠かすことなく、掃除から托鉢まで同じようになさっているのです。

病というものは誰にもやってきます。年齢を重ねれば、何らかの病に見舞われます。それはもう仕方のないこと。癌が完治することもなく、老いから逃れることもできません。そうであるならば、その変化を否定するのではなく、上手に付き合っていくしかありません。不幸にして、事故などによって障害を抱えることもあるでしょう。車椅子の人生は辛いかもしれない。一時は絶望感に襲われるかもしれない。それでも生きていかなくてはなりません。自分の身体の変化を受け止めて、前を向いて歩くしかないのです。変えようのない事実というものはあります。悩もうが恨もうが、それを変えることはできません。流れゆく時間の中で、自分自身の心の持ちようを変えていくしかないのです。

元に戻らないという信念。元に戻れないという覚悟。その両方が人生には必要です。過去を振り返ることなく、今という時間の中で生き切る。大切なのは今なのだということを知る。それが人間に与えられた使命であり、宿命でもあるのです。

「いつでもどこでも」

行住坐臥　ぎょうじゅうざが

【この禅語の意味】

この禅語は、「行く」「止まる」「坐る」「横になる」など、日常生活上における、あらゆる行為を表した言葉である。

どんなときでも、どのような場所にあっても、その場に相応しい立ち振る舞いを身につけるよう努力する――。

それが「威儀《いぎ》即《そく》仏法《ぶっぽう》」「作《さ》法《ほう》是《これ》宗旨《しゅうし》」という禅の基本なのである。

立ち振る舞いというのは、その人の心の状態が出るものです。心が静かに落ち着いている人の振る舞いは、見ていてもとても気持ちがいいものです。立ち姿も座っている姿も美しい。反対に浮ついた心の人は、どこか不自然な感じがします。力が入り過ぎて、余分な動きが現れるからです。

大切なのは呼吸法です。胸で息をするのではなく、お腹で深く静かに呼吸をすること。その心がけだけで、随分と立ち振る舞いは変わってきます。これは医学的にも実証されていて、腹式呼吸をするだけで全身の血管が広がり、血液の循環が良くなるそうです。

ある大学の先生が実験をしました。小学校のクラスで、子どもたちに簡単な暗算のテストを行いました。まずは通常どおりにテストをやってもらう。その次に「では皆さん、今から五分間息を整えてみましょう。お腹でゆっくりと呼吸をしてください」と腹式呼吸をさせます。そして同じような計算問題をやってもらう。その結果、呼吸を整えた後のテストでは、正解率が二割も高くなったのです。すべての子どもがアップ。それにもう一つ、呼吸を整えた後の子どもたちの姿勢は、明らかに良くなっていたとのこと。背筋が伸びて、やたらとテスト用紙に目を近づける子どももいなくなったそうです。腹式呼吸の習慣をつけることで、姿はきれいになるのです。

「こだわりなく自由自在に」

白雲自在　はくうんじざい

【この禅語の意味】

白雲は何のこだわりもなく、自由自在に風と共に流れていく。

人間の心も周囲にとらわれることなく、自在無礙《むげ》にしておきたいものだ。

人間のこだわる心を捨てるために、禅の修行があるということを、この言葉は説いている。

生まれ育った住み慣れた町。そんな場所を離れるのは寂しいものです。でもそうしなければならない人たちもたくさんいます。結婚や転勤などで、知らない街に住まなくてはいけない。あるいは自分の意思で故郷を出ていく人もいるでしょう。人は風のように流されて生きていくのかもしれません。

山形県出身のお檀家さんがいます。その女性は結婚して東京で暮らすことになりました。東京に来たときは、嬉しくて仕方がなかったそうです。山形は田舎で、冬には雪で閉ざされてしまう。それに比べて東京は過ごしやすいし、楽しい場所がたくさんある。もう山形なんかに帰りたくないと。ところが七十歳を過ぎて、改めて山形の素晴らしさに気がついたと言います。山形はお米もおいしいし、野菜や果物もたくさん獲れる。空気もきれいだし、家も広々としている。実際に他県に比べても、とても裕福な土地なのです。すっかり東京に対するこだわりがなくなってしまいました。

住む場所にさえ、執着心を持たないことです。新しい土地に行ったなら、その土地のいいところを見つければいい。どの町に住もうが、本当は何も変わるものはないのです。そして、十年一日のごとく変わらない町というのもありません。すべてのものは移ろいでいく。その移ろいに身を委ねること。雲のように自在に生きる気持ちを持つことです。

「時を無駄にすることなかれ」

生死事大　無常迅速　しょうじじだい　むじょうじんそく

【この禅語の意味】

時は人を待たず、あっという間に過ぎ去っていく。人生には限られた時間しか与えられていない。したがって、一時たりとも無駄にすることなく大事にしなければならない。私たちは誰しも確実に一歩一歩死に近づいてゆく。これを忘れてはならない。

禅の修行道場に木版という鳴らし物があるが、この木版には「白大衆《びゃくだいしゅう》　生死事大《しょうじじだい》　無常迅速《むじょうじんそく》　各宜醒覚《かくぎせいかく》　慎勿《しんも》放逸《ほういつ》」と書かれており、いつもこのことを肝に銘じることの大切さを説いている。

こんな例え話があります。二本の梅の木がありました。一本の梅の木は、春風が吹いたら、その瞬間に花を咲かせられるように準備をしていました。もう一本のほうは、春風が吹いたら、咲かせる準備に取り掛かろうとしていました。そうしてある日、さっと春風が吹きました。最初のほうの梅の木は、すっかり準備ができているので、その日に花を咲かせました。もう一方の梅の木は、その日から咲かせる用意を始め、次の日には咲かせようとしていました。ところが次の日はまた冬に逆戻り。春風がぱったとやんでしまい、とうとう咲かせるタイミングがつかめなかったのです。

風というのは、人間社会における縁のことです。縁というものは誰にも平等にやってきます。そのときに良い縁をつかめるかどうか。一時一時を大事に生きている人には、その縁をすぐにつかむことができます。しかし普段から勝手気ままに、時間を過ごしながら生きている人は、自分に縁がやってきたことさえ分かりません。たとえ気がついても、もうそのときには遅い。縁は通り過ぎてしまっています。この差はとても大きなものなのです。

たくさんの良き縁に巡り合い、それをつかみ取ること。それが人生を豊かなものにしてくれます。そのためにも、今この時間を無駄に過ごしてはいけません。私たちは日々、死に向かって歩いているのですから。

「足元を見よ」

脚下照顧　きゃっかしょうこ

【この禅語の意味】

禅寺の玄関には「脚下照顧」あるいは「照顧脚下」とよく書かれている。これは「履物を揃えよ」という意味だが、履物が揃えられなければ、自らの心を整えることなどできない。ここが大事な点である。曲がっていたら気持ち悪い、散らかっていたら気持ち悪い。この気持ちが心を整えてくれる。

一方で、自ら今できることを全力でする。遠い先のことばかり考えるのではなく、今できることを全力で行う。そうすることによって、結果は自然についてくる。

自分の足元を見ること。それは常に自分の立ち位置を確認し、自分自身と向き合うことです。今ある等身大の自分の姿をしっかりととらえることが大事です。けっして奢《おご》ることもせず、かといって過小評価する必要もありません。ただありのままの自分を見ることです。何事も、自分の器に応じて行動することです。器というのは、これまで積み重ねてきた経験や実力、あるいは今の心身の状態などをひっくるめたものです。その器の範囲の中で、無理せずに生きていくことです。

年齢を重ねれば、誰もが体力的に衰えてきます。十年前には簡単にできていたことができなくなる。一時間でやっていたことが二時間かかるようになる。それはごく自然で当たり前のことです。自分が情けなくなることもあるかもしれません。自分自身に腹立たしさを感じることもあるかもしれません。でも、そこでいたずらに抵抗しても仕方がありません。その自分を受け入れて、足元をしっかりと見ながら生きていくことです。

老いるというのは、あくまでも身体が年を取るということ。身体が年を取ったからといって、心までそれに付き合うことはありません。心はけっして老いることはありません。老いるとすれば、それは自分自身が老いさせているだけです。身体の器は小さくなっても、心の器は大きくなり続けるものです。

「円熟味を増す」

閑古錐　かんこすい

【この禅語の意味】

閑古錐の古錐とは、古くて先が丸くなり使えなくなった「錐」。閑は「静か」「心安らいだ」と解釈される。

この禅語は、切れ味の悪くなった錐は、道具としては役に立たない。しかし、長年使い込んだ錐には、これまでに積み上げてきた円熟味があるから尊い、ということに由来する。

鋭い錐では怪我をすることもある、古い錐ではその心配もない。禅では長年修行を続けてきた僧を「閑古錐」または「老古錐」と言う。穏やかな中にも迫力があり、魅力に満ちた僧侶を指す。

年を重ねてくると、円熟味が増してきたなどと言われます。人生における円熟味とはいったい何なのか。それはきっと、すべての物事を体が会得するということではないでしょうか。

若い頃には、さまざまなことを吸収しようとします。本を読んで知識を得たり、先輩諸氏から多くのことを教わったりしながら吸収していく。しかし、外から得た知識というのは、しょせんは頭でしか理解できていません。本当に物事を会得するためには、それらの知識を腹の中に落とし込み、自らが経験する必要があります。そこで初めて人は、円熟味にたどり着くのです。

年齢を経てきた人間の役目。それは、自らの円熟した知識や経験を、次の世代に伝えていくことでしょう。自分の子どもだけでなく、周りの若者にも伝えていく。その役目を担う時代になってきたのです。まずはそのことを心に留めておいてください。

いつまでも若々しいことはいいことです。でも、もう若者ではない自分がそこにいます。若者と同じ気分で生きるには無理があります。「年相応」という言い方をします。これは年を取ったのだから静かにしていなさいということではありません。年を取ったからこそ、人生の深みを醸し出すということ。それを伝えるということなのです。

「未来を信じて苗を植える」

巌谷栽松　がんこくにまつをうえる

【この禅語の意味】

直接の意味は、「深く岩の多い険しい谷に松を植える」。この禅語は、臨済禅師とその師である黄檗禅師の会話に由来する。深山にあえて松の苗を植えている臨済禅師を見た黄檗禅師が、「なぜこのようなところに松を植えるのか」と尋ねる。すると臨済禅師は「一つは山門の風致のために、一つは後人の標榜のために」と答えるが、実は、このときの巌谷は、荒れ果てた人間の心を意味している。この言葉はその心に松（仏の教え）を植え付けることを意味し、将来の成長を信じて今あえて植えていることを示唆しているのである。

結果ばかりを求めて生きてきました。特に若い頃は誰もが結果を追い求めます。これだけ頑張ったのだから成果が出てほしい。一生懸命に育てたのだから、いい会社に入ってほしい。自分だけでなく、周りの人間をも巻き込みながら結果に執着していました。ある意味では、それも仕方のないことかもしれません。

年を重ねることは、結果にこだわらなくなるということです。自分自身はやがて死んでいく。しかし、自分がこの世から消え去ったとしても、この世が消え去ることはない。だからこそ、永遠に続くであろう未来のために何かを残すことを考えることです。岩場に松の木など植えても、なかなか育つわけではありません。きっと大きく育つことはないでしょう。だから、岩に松の木を植えること自体が無駄なことだ。そう思って植えることを諦めてしまう。そうなれば、世の中の岩場には一本の木も生えなくなるでしょう。

諦めることなく、絶対に育つという信念を持つことです。もしかしたら松の木が育つのは、自分の孫の時代になるかもしれない。自分の目では見られないかもしれない。それでもいいのです。未来を信じて、未来のために今の自分ができることをする。その小さな一滴が、未来には小川となって流れ出す。人間が命をつなぎ、心をつなぐとはそういうことなのです。

「きっと役に立つときが来る」

夏炉冬扇　かろとうせん

【この禅語の意味】

直訳は「夏のいろりと冬の扇子」。どちらもその時期には必要のないもの。これが、転じて、無用な発言、ないほうがよい才能を風刺する言葉として使われる。

しかし、本来の意味は、人の知らないところで、どこかできっと役に立つということであり、時期が来れば、必ず役に立つということを表す。この禅語は、「時期を待つことのできる忍耐」の大切さを教える言葉である。

アメリカは個の社会です。個々人の評価を明確にして、序列をつけ、不要な人材を切り捨てる。最近の日本企業でも、こういう考え方が取り入れられているようです。しかしこのアメリカ型の個人主義は、どうも日本には馴染まないような気がします。

かつての日本社会はチームで動いていました。十人の営業マンのチームがあり、その中には売り上げ成績がいい人もいれば、なかなか売り上げが伸びない人もいます。しかし評価はチーム全体のものとして考えられていました。ところが今では、個々人の成績によって評価がなされています。成績がいい人はどんどん出世していく代わりに、悪い人間は切り捨てられていく。そんな社会になりました。かつての会社には、宴会部長などと呼ばれる人間がいたものです。仕事はできないけれども、宴会になればみんなを盛り上げてくれる。すべての社員にそれぞれの立ち位置が与えられ、互いを気遣っていました。中には、日頃はたいした仕事ができないけれども、得意な場面になると、ものすごい力を発揮するような人間もいました。得手・不得手が認められ、必ず出番がやってくる。どんな人間も、役に立たない者など誰一人としていない。春の足音が聞こえて、ストーブを片づける。しかし初夏にはまだ寒い日もある。そこでもう一度、しまってあったストーブを引っ張り出す。これが日本人です。捨てられたストーブは、二度と火を灯しません。

「時は人を待たない」

歳月不待人　さいげつひとをまたず

【この禅語の意味】

この言葉は、東晋の詩人陶淵明《とうえんめい》の詩にある。

時は気がついてみるとあっという間に過ぎ去ってしまう。人生には限りがある。今日という日は二度と戻ってこないということを意味している。

日々をいたずらに過ごすのではなく、一日一日を大事に生きなければいけないことを説いている。

一日一日を大事に生きていく。そのために心がけることは何か。それは、朝の時間を大事にするということです。私たち僧侶は修行中、毎朝四時に起床します。まずは坐禅、そして朝のお勤めをし、続いて境内の落ち葉を拾い、お寺の隅々まで拭き掃除をする。そして朝の食事をいただく。春夏秋冬、変わることなくそれが続きます。

やるべきことは午前中に終えて、午後からはそれぞれの仕事をするわけです。こうした一日を過ごしていると、とても気持ちがゆったりしますす。何かに追われているような焦りなどは出てきません。もちろん皆さんは修行僧のような生活をする必要はありませんが、せめて朝の時間を大切にすることです。いつもより二十分早く起きてみること。お茶を飲みながら、外の空気を胸一杯に吸い込む。都会でも、早朝の空気は澄んでいて気持ちがいいものです。そしてゆっくりと新聞に目を通し、余裕を持って出かける。心に余裕を持って一日をスタートさせること。たった二十分早起きするだけで、充実した一日を迎えることができるのです。時間に追われながら、いつもギリギリで行動する。そこには落とし穴がたくさん待ちかまえています。考えられないようなミスを犯したり、あるいは人間関係がギスギスしたりもします。せっかく与えられた一日というこの日が、不満足なもので終わってしまう。いたずらに過ごすとはそういうことなのです。

「ただこの一時に生きる」

一期一会　いちごいちえ

【この禅語の意味】

「一期」は人間の一生涯。「一会」はただ一度限りの会合のこと。一時たりとも留まることなく、移ろいでいくこの世、私たちのこの命も一瞬も留まることなく、やがて老い死んでゆく。その一瞬一瞬は二度と帰ってこない。すなわち、一度限りの今を精一杯充実して生きることを求めた禅語である。

茶の湯を例に取れば、同じ亭主が同じ客と同じ席で、同じ道具で茶事をしても、今日のこの茶事は二度とない。一生に一度だけのものということを説いている。

人生で最大の悲しみ。それはやはり家族との別れではないでしょうか。産み育ててくれた母親の死。人生を教えてくれた父親の死。共に生きてきた連れ合いの死。いずれ人は誰しも死を迎える。頭では分かっていても、心がそれを納得していない。もがき苦しむほどの悲しみがそこにはあります。葬儀の席で、私はお檀家さんに話をします。「涙が枯れるまで泣いてください。悲しみを避けて通ろうとしないで、真正面から悲しみを受け止めてください。人目も憚《はばか》らずに、心の底から泣いてください。悲しみを和らげるために、人は泣くことを知っているのです」。

「親孝行したいときに親はなし」という言葉もあります。大切な人がいつまでもいるとは限りません。命の炎が一瞬にして消えることもあります。そのときになって「あれもしてあげたかった」「これを言ってあげればよかった」と後悔しても遅いのです。何かをしてあげたいと思ったら、そのときにしてあげること。感謝の気持ちを伝えたいと思ったら、すぐに電話をかけて伝えること。その一瞬を大切にしましょう。時間は永遠のものではありません。共に生きている時間も、実は限りがあるものです。常にそういう気持ちで人と接することです。「ありがとう」「ごめんなさい」。そんな言葉を大切な人にかけましょう。家庭の中を、感謝と思いやりの言葉で満たすこと。縁があって家族になったのですから。

第4章　変化について

「無心で物事に向かえば好機は来る」

白雲自去来　はくうんおのずからきょらい

【この禅語の意味】

空に浮かぶ白雲は、自ずから無心に去来する。そのまが真理の表れで如来の姿そのもの。暑い日に表仕事をしていて、遠くの雲がこの上へ来て影を落としてくれたら、いかに涼しいか、と思っていると、白雲は来ない。

しかし、ただひたすら暑さをも忘れて仕事に熱中していると、気がついてみれば、白雲は涼しい影を落としてくれている。

白雲も無心、仕事をしている人も無心。この無心の心こそが大自然の真理を表しているのである。

禅宗の初祖である達磨大師。その教えを継いだ弟子に慧可《えか》禅師という人がいました。あるとき慧可禅師が、達磨大師に悩みを打ち明けたのです。

「お師匠様。私の心はいつも不安で一杯なんです。どうか、この私の不安を取り除いてくださいませんか」と。するとは達磨大師はニコニコしながらこう答えました。

「よし分かった。私がその不安とやらを取り除いてあげよう。だからまずは、その不安を私の前に出してくれないか。ここに不安を並べてくれたら、私が取り除いてあげるから」

この言葉を聞いて初めて、慧可は気がついたのです。それがいかに実体のないものであるかを。

真上を見上げれば、不安の雲に覆われている。その雲はどこまでも遠く続いている。いつまで経っても、この不安からは逃げることはできない。そんなふうに悲観するから、不安はどんどん増長していくのです。遠くの不安にとらわれることなく、ともかく今できることをやることです。ただ一生懸命に目の前にあることに心を寄せること。そうしている間に、すっと雲が途切れることもあります。そこからは一筋の光が差し込んでくる。雲が風に流されていくように、不安もまたいつかは流されていくもの。実体のないものにとらわれ過ぎてはいけません。

「雲のごとく、水のごとく」

行雲流水　こううんりゅうすい

【この禅語の意味】

行く雲、流れる水。大空に浮かぶ雲のごとく何の妨げもなく、悠々とある存在、渓谷や大河を流れる水は一時も留まらず、滞ることもなく流れていく。このように何の執着もない自由な境地を体得したことを意味する。

修行僧を「雲水」と呼ぶが、この言葉は、行雲流水から来ている。師を求め、道を求め、一か所に定住することなく、諸国を遍歴して修行を続ける修行僧を「雲水」と呼んだ。現代では本山僧堂や専門僧堂での修行を続けることが一般化しているが、本来の雲水の姿は、自在に場所や形を変えていくものであった。

小さな小さな不安の種が、やがて知らない間に大きく育ってしまう。考えれば考えるほど、心の中で不安感が募っていく。まるで亡霊のようにそれが襲ってくる。そういう経験は誰にでもあるものです。

そういう状態に陥ったときには、まずはその不安の正体は何かを客観的に見ることです。不安の実態に目を向ける。そこには自らの努力で解決できることもあるはずです。それを見つけたら、とにかく解決に向かって行動を起こすこと。どうしようと悩んでいても何も変わりません。実際に身体を使って、不安の実態に接してみることです。

そうすることで、少なくとも一歩は前に進みます。ほんの少しでも、状況は改善されるかもしれません。その一歩を踏み出したとき、問題の半分は解決しているようなものです。ただし、自分ではどうしようもないこともあるでしょう。具体的な行動が起こせないこともあります。そんなときには、その不安を少しの間、箪笥の中にでもしまっておいてください。一時、心から追い出してしまうことです。

そして思い出した頃に、もう一度引っ張り出してみる。そうすれば、「なんだ、こんなことで不安になっていたのか」と思うものです。すべての物事は留まってはいません。常に流れています。不安も同じこと。一生ついて回る不安などはありません。

「何事も、やる気次第」

三級浪高魚化龍　さんきゅうなみたこうしてうおりゅうとけす

【この禅語の意味】

三級は、中国の伝説からきている滝である。中国最古の王朝である夏《か》の時代に、禹《う》王が、氾濫する黄河の治水のため、上流にある龍門山を三段に切り開いた。この三段の滝は、水の勢いが激しく近づけない難関であるが、ときに鯉が登り、見事に登りきれば龍と化して、天に昇る、といわれている。この滝を、禅では、「関」に置き換えてとらえる。この禅語は、「一つの関門を突破することにより、自らが新たな境地に至ることができる」という修行の厳しさを説くとともに、この関門を乗り越えると道が開けることを意味する。

人間の持つ可能性や能力は、留まることを知りません。いくら年を取っても、進化し続けることができるのです。脳科学の研究においても、そのことが実証されてきたそうです。年を取れば脳の働きは悪くなると考えられてきました。もちろん記憶力などは若い頃に比べれば落ちてきます。しかし、それをカバーするような別の働きが進化を遂げてくる。つまりは、脳細胞は死ぬまで進化し続けることが分かってきたのです。

もう年だからという言い訳をして、新しいことに挑戦しない。どうせできないだろうと諦めてしまう。新しい環境に飛び込むことを恐れ、変化を避けることばかりを考える。そういう人が多いのではないでしょうか。今の自分の環境に、心から満足しているのであれば、それは無理をして変化を求める必要はないでしょう。でも、もしも変わりたいと思うのなら、もう一度挑戦をしたいと望むのなら、思い切ってやってみることです。

新しいことを始めるのに、年齢は関係がありません。六十歳からでも七十歳からでも始められます。もしかしたら、その挑戦の半ばに人生を終えることになるかもしれません。悔いと思いを残すことになるかもしれません。それでもかまわないと思います。諦めてしまって、何もやらなかったという後悔よりも、志半ばの後悔のほうを選ぶ。それが人生を全うするということなのです。

「人間はどこでも事をなすことができる」

人間到処有青山　じんかんいたるところせいざんあり

【この禅語の意味】

この言葉は、幕末の真宗僧月性《げっしょう》の言葉の一節。禅語では、人間どこにいても「随処に主となれ」と教えているところに大きな意味がある。

何も生まれ故郷に骨を埋めなくてもよい。世の中はどこへ行っても、その場が美しい青山である。人間は一生の中で思うようにいかないこともある。しかし、その場で頑張ることによって、その場が青山になり得るということなのである。

私は多摩美術大学の教授をしていますが、そこの卒業生で面白い経歴をたどった男子学生がいました。彼は大学を卒業すると、小さなデザイン会社に就職しました。彼は美術大学生特有のこだわりで、大企業へは行かず、デザイン会社を選びました。そこで彼は一生懸命に仕事に打ち込み、ある大手証券会社の株取引のウェブサイトを製作していました。必死になって株式の勉強に励むうちに、いろいろな提案ができるようになりました。それが証券会社の人に認められて、そこに引き抜かれることになったのです。

証券会社でも大きなプロジェクトチームに参加させられて、そこでも一生懸命に努力をしました。それがまた大手の商社から高い評価を得て、再びヘッドハンティングをされました。ついには、数年前に設立されたある証券会社の社長にまで上り詰めたのです。

もともと彼はグラフィックデザイナーです。その世界で生きていくことを希望し、まさか証券会社の社長になろうなどとは考えてもいなかったでしょう。ただ目の前の仕事に本気になって打ち込んだ。それが結果として大きな評価になったのです。

今いる場所で、最大限の努力をすることです。そこがいい場所になるか、悪い場所になるか。それは心がけ次第です。どんな場所にいようが、自分次第で可能性は開ける。青山は地図の上にはありません。それは自身の努力の中にあるのです。

「さらに一歩進む」

忘牛存人　ぼうぎゅうそんじん

【この禅語の意味】

中国の宋代の後期に著された禅の修行の入門書である『十牛図』の第七図に出てくる言葉。

牧童が自分、牛が悟りの境地を表している。牧童が牛を探す旅に出て、探し抜いた挙句にやっと、悟りを手にした状態となるが、ここではそれを完全に忘れてしまえと言う。これは修行が円熟して物と我とが一如の境地に到達したことを意味する。主観の人と客観の牛との対立がなくなった状態である。悟りを得たら、悟ったような顔をせず修行中と同じ顔で、町や村に戻って困っている人に救いの手を差し出す。そうすれば修行の完成である。

仏教の言葉で「菩薩行」というものがあります。菩薩とは観音菩薩、普賢菩薩、文殊菩薩や地蔵菩薩などのこと。菩薩さんはすでに悟りを開いているので、いつでも如来の世界に行くことができます。それでもあえてその世界には行かず、衆生救済の請願を立ててこの世界に自らの意思で留まっている。そこで市井に生きる人々の心を救ってあげる。その修行のことを「菩薩行」と呼ぶのです。これは、相手のために生きることを意味しています。自分の利益や欲望のためでなく、他人の幸せのために尽くす。そして相手が喜び、幸福を感じることで、自分自身の心も豊かになる。それこそが人としてのあるべき姿なのです。

日々の生活をしていれば、他人のことばかりを考えるわけにはいきません。やはり大切なのは自分やその家族でしょう。それは致し方ないことですが、それがすべてだと考えてはいけません。どんな小さなことでもかまいません。たとえば朝に家の前の落ち葉を掃除するなら、そのついでに両隣の家の前も掃いてあげる。感謝されるのを期待することなく、押しつけがましくもなく。ただそれだけのことでも、近所には幸せの風が吹いてくる。人は皆、同じ船に乗っています。地球という船。日本という船。地域社会や会社という船。その船の中で、自分一人が幸せになることなどできません。人は、つながりの中で生きているのです。

「心を解放する」

無念無想　むねんむそう

【この禅語の意味】

禅で言う「無」とは、心の中のことを扱う言葉で、ものが「ある・ない」を言う存在のことではない。心の中にある固定観念、自分を縛っている自我、執着、妄想から離れることである。無念無想も同じことを意味する。

この禅語は、自分自身を縛り、苦しめている「とらわれ」から離れて、ただひたすらに今を生きることの大切さを意味している。

坐禅はこの境地に至るもっとも良い方法である。丹田呼吸をし只管打坐に徹すると心が澄み渡ってくる。

慌ただしい時間と、激流のような変化の波にもまれる現代社会。山積している問題と、解決策の見当たらない悩み。そうした中で生きるためには、自らの心を解放する時間がとても大切です。

心を解放するには、自然と触れ合うことが一番です。この都会の中で、自然なんてどこにあるんだ。そう思うかもしれませんが、自然はいつも目の前にあります。毎朝駅に向かう道のり。道端には小さな花が咲いている。少し顔を上げれば、そこには雲がたなびいている。小鳥たちの美しい囀り。草から顔を出す虫たち。たとえ一瞬でも、そこに目をやることで心は解き放たれます。道路に落ちている石ころを拾ってみてください。どの石もみんな違う姿をしています。それを掌で握りしめるだけでいいのです。

ここ数年、山登りがブームになっています。知らず知らず心が自然を求めているのでしょう。それは素晴らしいことですが、山登りの本来の目的を見失わないことです。本来の目的とは、自然の中で心を解放してあげるということ。山頂まで登り切ることだけが目的ではないはずです。山頂ばかりを目指し、ずっとうつむきながら歩いている。自然を感じることさえ忘れて、それこそ修行のごとく歩いている。これでは本末転倒です。登山口で、すっと深呼吸をして戻ってくる。それも立派な心の解放です。

「時が来れば自ずとなる」

春来草自生　はるきたらばくさおのずからしょうず

【この禅語の意味】

春が来れば自然に草が生える。季節は人間の計らいとは全く関係なしにやってくる。南風が吹けば草木は自然と芽を出す。

万法はすべて自ずから、しかるようにあるということ。このように人間の計らいごとを超えたことを「真理」「道理」と呼ぶ。

家族との別れ。これほど辛く悲しいことはありません。特に我が子を亡くしたときの悲しみは、耐え難いほどのものです。大きな声で泣き叫ぶ。人間としてはどうしようもないことです。それでも四十九日までは、やるべきことに忙殺されるでしょう。法要も済ませなくてはいけないし、ご埋葬のことも考えなくてはいけません。お参りに来てくれる人たちもたくさんいるでしょう。しかし四十九日を過ぎれば、法要なども一段落します。ここからが本当の悲しみとの闘いなのです。何も手に着かず、先立った家族のことばかりが頭に浮かぶ。言い表せない悲しみを抱えながら、それでも生きていかなくてはなりません。

仏教には「卒哭忌」という言葉があります。泣き叫んで、まるで動物が遠吠えをするような慟哭。そんな慟哭の時期を卒業する日という意味です。亡くしてから百日目がその「卒哭忌」に当たります。悲しみは癒えることはない。それでも前を向いて歩いていく。それが人間としての使命です。そろそろ悲しんでばかりいてはいけませんということなのです。

どんな苦しみや悲しみも、永遠に続くことはありません。十年、二十年と生きる間に、それは絵の具が水に溶けるように薄まっていく。けっして消えはしないけれど、きっと時が心を癒してくれるものです。

「計らいの心を捨て自然に任せる」

任運自在　にんうんじざい

【この禅語の意味】

この「運」は巡り合わせ、さだめの意味。すべてが自ずから運び動くので、自らをその流れに任せ切って、思慮分別を一切働かせないことを言う。

この禅語は自然のままに任せて、自分の意思を全く加えないことの大切さを説いている。執着心を強く持って行動すると、自分自身が縛られて動けなくなってしまう。精神的にも体力的にも全く余裕がなくなってしまうものである。このようなこだわりを捨て切った先には、無限に広がる豊かな人生が開けるのである。

現代社会は膨大な情報に溢れています。テレビやインターネットなどを通して、さまざまな情報が垂れ流しになっています。こんな食品を食べれば健康になれる。こんな習慣を続ければ病気になる。中年になったらこうしなければならない。そんな情報をすべて受け入れようとすれば、人生はめちゃくちゃになってしまうでしょう。

どうして人は不要な情報に流されるのでしょうか。それは、自分だけが取り残されたくないという執着があるからです。みんながやっているから自分もやらなければいけない。でないと自分だけが時代に取り残されてしまう。そんな強迫観念に襲われるのでしょう。

どうして他人と同じでなければいけないのですか。どうしてみんなと同じバッグを持たなければいけないのですか。どうして平均的な収入がなければいけないのですか。本質的にこの問いかけに答えられる人はいません。ただ「こうあるべきだ」という執着心に突き動かされているだけです。

すべての情報を遮断する。そんなことはもうできません。私たち僧侶でさえインターネットは活用します。重要なことは、自分の人生にとってどの情報が有益かを見極めることです。本当に必要で、人生を豊かにしてくれるもの。計らいを捨てて、その一点だけを考えること。人間は生きている限り、時代に取り残されることはありません。

「絶え間ない努力はいつか実る」

少水常流如穿石　しょうすいつねにながれていしをうがつがごとし

【この禅語の意味】

この言葉は、お釈迦様が入滅に臨んで、弟子たちに説法したものを後に「遺教経」というお経に纏めたものに出てくる一節である。

僅かな水でも絶え間なく流れ続ければ、固い石をも突き抜く。これと同じように、修行もただひたすら真剣に長く続けるならば、何事をもなせるようになる。日頃の精進こそが大事。必ず実るときが来ることを、この禅語は意味しているのである。

夢を持つことはとても大切なことです。それは生きる力にも希望にもつながります。いくら年を取っても、夢を抱き続けることです。

ただし、夢を見ているだけではそこには到達できません。夢を実現させたいと思うなら、一歩一歩進んでいくことです。遠くばかりを見ているのではなく、そこにたどり着くための道を探すことです。たとえば、六十歳になったら、ヨットに乗って世界を旅してみたい。そういうロマンを持つ人もいるでしょう。それは現実とはとてつもない距離感があります。きっと、夢で終わってしまうだろうとつい考えてしまいます。

もし本気で実現させたいのなら、五年がかりで計画を立てることです。資料を集めたり、ヨットの免許を取ったりする。そして実際に、ヨット教室などに行き、自分の身体で体験してみる。そうしているうちに、夢は少しずつ近いものになってきます。最初の一歩を踏み出すか否か。その道を歩き続けるか否か。その違いが大きな差になってくるのです。

遠くにある夢を見続けてください。百歳で達成するという目標でもいい。とにかく諦めることなく、絶え間ない努力を積み重ねることです。そこには生きているという実感があります。結果としてヨットで世界中は回れなくても、伊豆大島まで行けた。それもまた、夢が実現した瞬間だと思います。夢が終わるのは、人生を閉じたときです。

「人の目につかないところで徳を積む」

杓底一残水　汲流千億人

しゃくていのいちざんすい
ながれをくむせんおくのひと

【この禅語の意味】

曹洞宗の大本山永平寺の門にこの言葉が刻まれた石柱が建っている。

道元禅師は、毎朝仏様に供える水を谷川で汲んだそうであるが、そのとき、柄杓の底に残った水を下流の人々のためにと必ず谷川に戻されたという。

この禅語は、ものを大切にし、陰徳を積むことの大切さを説いているのである。

徳を積むためにはどのような行いをすればいいのか。仏教では、ただ善きことをしなさいとしか言っていません。悪いことをしないで善い行いをする。当たり前過ぎることですが、実はこれこそが人間にとってもっとも難しいことです。善きことのみを実践することなど、誰一人できるものではないでしょう。

完璧にはできないけれども、常に善きことを志すことです。邪な気持ちや執着心を取り払い、純粋に善きことに目を向ける。それは他人のためになるばかりではなく、結局は自分自身の人生を豊かにしてくれます。徳とは自分に返ってくるものなのです。

しかし、時には善きことだと思ってやったことが、相手に悪いことだと誤解されることもあります。善意を持ってやったのに、それが悪意だと取られてしまう。人それぞれに受け止め方は違いますし、互いの関係性も影響してきます。すべての人に善意を理解してもらうのは、相当に困難なことと知っておくことです。

たとえ結果として善意が伝わらなかったとしても、自分が善意だと信じて一生懸命にやったのであれば、それは仕方のないことだと思います。それは自分の徳がまだ足りなかったのか、あるいは相手に徳を受け止められる力量が足りなかったのか。そう考えて、善き行いを続けることです。

「すべては移ろいでゆく」

山花開似錦　澗水湛如藍

さんかひらいてにしきににたり
かんすいたたえてあいのごとし

【この禅語の意味】

ある僧が宋代の禅僧大龍禅師に「肉身は死ねばなくなるが、堅固なる法身《ほっしん》とはどのようなものか」と問う。その答えがこの「山花開似錦　澗水湛如藍」だ。

眼の前に広がる大自然の営みそのものが常住不変《じょうじゅうふへん》なる法身の如来にほかならない。山花は美しいがいずれは散る。大河の水も湛えたままで流れていないように見えるが流れている。いずれも移りゆくことには変わりはない。移りゆくことこそが、永遠に変わらぬ真理なのである。

この世は常に移ろいでいる。変化そのものが、実はこの世の真実ともいえるのです。今あなたがいる場所、あなたが背負っているもの、そしてあなたの周りにいる人たち。そのすべては、けっして留まっていることはありません。現在あるものはすべて、未来には形を変えていく。この真実をいつも心しておくことが大事です。

たまたま今はお金がある。たまたま今は生活が苦しい。ただそれだけのことです。その偶然ともいえる今の状況に執着すれば、守ろうとするあまり苦しみが生まれます。反対に何とか抜け出そうともがくあまり、さらに砂地獄の中に引きずり込まれていく。上がっていくときも落ちていくときも、人間は理性を失うものです。留まっていないという真実を忘れ、上辺のものだけに執着する。そこには安寧の日々は訪れません。

もしも今、最悪の状況にいるのなら、どん底まで来てしまっているのなら、もうそこからは落ちることはありません。あとは登っていくだけです。生まれてから死ぬまで、ずっとどん底にいる。そんな人間は誰一人としているものではありません。また、ずっと登り続ける人間もいません。人生には浮き沈みがあって当然です。全く浮き沈みのない人生がもしもあったとしたら、それは生きていないということです。力の及ばぬ大きな波に、身を委ねることも必要です。

「努力すれば必ず道は開ける」

風来自開門　かぜきたっておのずからもんひらく

【この禅語の意味】

ここでの「風来自開門」の意味は、風が吹いて自然に門が開いた、という意味ではなく、「風来」は、「努力すれば、自ずからに」という意味。何事もひたすら努力を重ねていると、いつの間にか閉ざされていた門も自然に開かれる、ということを表している。

この禅語は、何事も強い気持ちを持って足元を見ながら進んでいくことの大切さを説いているのである。

努力すれば必ず道は開ける。言い古された言葉ですが、これは努力すれば願いは叶うとは同義ではありません。努力さえすれば必ずいい結果が出る。必ず夢や目標は達成される。それは大きな間違いです。努力を積み重ねても、いい結果が出ない人もたくさんいるでしょう。努力をして夢を実現させたという人は、ほんの一握りの人たちでしょう。ならば、どうして努力をし続けなければいけないのか。夢が実現しないのに、努力をする意味などあるのか。努力とは目標を達成するためだけにするのではありません。自らの歩む道を、少しでも切り開くためにするのです。

歩いている道の真ん中に、大きな岩が立ちはだかっている。とても取り除くことはできないと諦めてしまえば、もうその道を進むことはできません。必死になって取り除く努力をする。それでも岩は動かない。しかし努力をしていく中で、工夫というものが生まれてきます。少しずつ岩を削ってみたり、棒を使って動かしてみたり。そうした工夫を繰り返すことで、ほんの少しの隙間ができることもある。あるいは別の細い道も見つけることができる。ひたすら集中して、あらゆるエネルギーを注ぐことで、解決につながるきっかけが見えてくるものなのです。人生に立ちふさがる岩に、たじろいではいけません。乗り越えられることを信じて、力の限り努力を積み重ねることが大事なのです。

「チャンスは誰にでも平等に来る」

誰家無明月清風　たがいえにかめいげつせいふうなからん

【この禅語の意味】

明月の光や清らかな風は、貧富や地位、学問のあるなしに関わらず必ず誰にでも平等にやってくる。これと同じようにあらゆる人の心の中には「ほとけさま」（仏性）が宿っている。

この際の「明月清風」は仏心を意味する。人間にとって、これをどのように探すかが大きな課題なのだということを示唆しているのである。

「縁起がいい」「縁起が悪い」という言い方があります。これは仏教用語で、最初に良い縁を結べば、縁はどんどん良くなっていく。反対に悪い縁を結んでしまえば、さらに悪いほうの縁に引っ張られるということです。

すべての人の周りには、良い縁と悪い縁が同時に渦巻いています。そのどちらに手を伸ばすか、自分次第で縁は大きく変わっていくのです。縁は何も人との縁ばかりではありません。仕事との縁や趣味との縁などもあるでしょう。これを言い換えれば、チャンスということになるのかもしれません。そういう意味でも、チャンスは誰にでも平等にやってきます。それをつかむのか見逃すのかは自分次第。そしてチャンスにもまた、良いものと悪いものがあります。犯罪者になるチャンスも存在します。ただ目の前のチャンスに飛びつくだけでなく、それが善きものか悪しきものかをしっかりと見分けることです。

元日には、みんなが初詣に出かけます。この初詣とは、昨年までの悪い縁を切り、今年は良き縁に恵まれることを願うためのものなのです。要するに一年の縁をリセットするわけです。悪い縁を断ち切り、今年こそは良い縁があるようにと願う気持ち。新たな縁を結ぶためにお参りをするのです。したがって、初詣に行くという行為そのものが、すでに悪縁を断ち切り、良縁を求めるという気持ちを表しているのです。

「どんなときでも主体的に立ち向かう」

随処作主　立処皆真　ずいしょにしゅとなれば　りっしょみなしんなり

【この禅語の意味】

人間、何事においても、どんなときにおいても常に物事に対して主体的に生きることは難しいが、禅では、周囲に振り回されることなくすべての物事に対して主人公になることができれば、どのような場合であっても、皆真実の世界である。

とらわれや妄想を捨て切れば、本当の自分自身が現前する。

この禅語は、主体的であることの大切さを説いているのである。

人生は、刻一刻と変化を遂げています。自分の状況は変わらなくとも、周りの状況は常に変化をしています。その変化の中で、いかにして自分を見失うことなく生きていけるのか。目まぐるしく現れる選択の波をどう乗りこなしていくのか。

人生においてもっとも重要なことは、「志」を立てることです。我が人生をどのようにして生きていくのか。どの道を進んでいくのか。それを自らの心に問いかけ、歩むべき道を決めること。その確たる方向性が見えたとき、すでに目指す道のりの半ばまでは成就しているのだと言われています。

仕事の第一線にいるとき、子育てに追われているときには、選択の幅は少なかったかもしれません。やらなくてはならないことが山積していました。自らの「志」と向き合う暇もなかったかもしれません。しかし、いずれ人はそこから解き放たれます。

自分はこれからどのようにして生きるのか。どの道を歩いていくのか。そして、どんな「志」を胸に進んでいくのか。その「志」とはどんなものでもかまいません。「志」に大きいも小さいもありません。「志」とは自らの意思そのものなのです。そのときに忘れてはならないこと。それは、自分の人生の主人公は自分であるということ。どんなときにも、自分が主体であるということ。すべての人間が、たった一つの人生を生きているのです。

第5章　人生について

「人には誰にでも真実の人間性が宿っている」

一無位真人　いちむいのしんじん

【この禅語の意味】

臨済宗の宗祖である臨済禅師の言葉。このときの「無位」は位や位階がないということではなく、特定の位置や場所、時間もないということ。

本来の面目に徹していることで、「真人」は真実の人、仏のことである。私たちは常に仏法の真っただ中にありながら、それに気づかないでいるだけなのだ。

どんなにたくさんの財産を築いたとしても、それを持ったまま死ぬことはできません。どんなに高い地位に就いたとしても、それは単なる借り物に過ぎません。人間の本質、人間の真実とは、そんな上辺のものではないのです。

定年退職をした男性の中には、なかなか地域社会に溶け込めない人がいます。何かの集まりに参加しても、どうも親しくなれません。その原因の一つは、過去の仕事の実績や肩書に縛られているからでしょう。俺は役員をしていたのだからと、何かの度に出しゃばる。そんなつまらない役目などできるかと威丈高な態度を取る。周りの環境は変化しているのに自分だけが化石のように変わらない。これでは人間関係など築けるはずもありません。

いろいろなものから解き放たれたときこそ、人間としての本質に目を向けることです。煩悩や執着心を捨て去り、本来の自分とは何かを考えてみる。そこには無力な自分の姿が見えるはずです。何も持たず、何の力もなく、自然のなすがままに生かされている自分。雨に打たれれば身体を濡らされるし、風に吹かれれば歩を止められる。それが自分自身の本来の姿であることを知ることです。そして自分の無力さに気がついたときこそ、人は強くなれます。あるべき姿や真実というものが垣間見えるからです。遠くに真実の光が見えたとき、人間は本当の人生を歩き出すことができるのです。

「目に触れるものそのままが悟りの風光」

体露金風　たいろきんぷう

【この禅語の意味】

ある僧が「樹凋《じゆしぼ》み葉落《はお》ちる時《とき》如何《いかん》」（木が枯れて葉が落ちるときはどのようなことですか）と雲門文偃禅師に問う。その答えが「体露金風」である。

金風は秋風のことで、体露はすべてが露《あら》わになっていること。秋風によって法の全体がまる出しになっている。

目に触れるものそのままが悟りの風光である、という意味である。

春になれば、南風は吹いてきます。頬に当たる風が、ほんの少し昨日より暖かい。それは人間が吹かせているわけではありません。私たちが何をしようが、春になれば南風は吹いてくるのです。そして秋を迎えれば、冷たい風が街路樹の葉を落としていきます。もう少し木々の葉を眺めていたいと願っても、秋風は無情なほどに葉を落としていきます。これが自然の理というものです。

不幸な自然災害が毎年のように起こっています。大雨で山が崩される。家々が浸水の被害にあう。あるいは大きな地震によって、町が崩壊されてしまう。その自然の脅威を前にしたとき、人間にはなす術がありません。いくら知恵を絞っても、どんなに科学が発展しても、自然をコントロールすることはできません。台風の進路を捻じ曲げることはできないのです。ならば、その自然の理に身を委ねるしか方法はないのです。

もちろん災害に対して手をこまねいているということではありません。しっかりとした対策は必要です。しかし、それを超えたものに対しては、もう拒絶することはできません。「あきらめる」という言葉がありますが、これは「明らかに見極める」ということでもあります。自然というものを明らかに見極めながら、上手に付き合っていくこと。自然の中に宿る仏と共に生きていくこと。その覚悟を持っておくことです。

「自然は真実のあらわれ」

柳緑花紅　やなぎはみどりはなはくれない

【この禅語の意味】

この禅語は、「自然のあらゆるものが、そのまま真実を表している」という意味。

自然は、そのまま真実のあらわれであり、その根源は皆同じであるが、自然を構成しているそれぞれが皆個性を持ち、かけがえのない存在であり、命である。

そのかけがえのない命には、厳然たる存在価値があり、それぞれが命を輝かせているということを説いている。

人間の真実とは何なのか。自分がここに存在する意味はどこにあるのか。そして本当の自己とは。人生とは。

大自然、大宇宙、人間の計らいごとを超えたところにあるもの。損得勘定など、一切の煩悩を排除したところにあるもの。それこそが真実であり、自らの中にある「仏」なのです。たとえば私たちは、心臓を動かそうと思って動かしているわけではありません。呼吸をすることも、眠ることも、自らの意思を超えたところでなされています。それが人間の本来の姿であり、そのことに感謝の気持ちを持つことです。若い頃には、自分の力で生きていると思うものです。すべてが自分の意思でできるものだと信じています。誰かに生かされているなどとは考えることなく、自分の力だけで生きていることを主張します。それは若い頃の特徴でもあり、そのような時期を経ることも必要でしょう。

しかし、人生には自分の力の及ばないことがあります。どうしようもないことがあります。そのことに気づくことも大切です。冬になれば木々の葉が落ちるように、けっして逆らえないこともあります。そのことに気がついたとき、また新たな人生が始まるのです。自分の力で解決していくこと。自然の流れに身を委ねてしまうこと。その両方が人生には必要なのです。大海に浮かぶ一艘の小舟。人生とはそういうものかもしれません。

「なすべきことのみをなせ」

莫妄想　まくもうぞう

【この禅語の意味】

馬祖《ばそ》道一《どういつ》の弟子である無業《むごう》禅師が一生唱えていた言葉。

ここで言う「妄想」は俗に言う誇大妄想とは違い、相対的二元論、つまり、生死、愛憎、美醜、貧富というような対立的分別には、選り好みが生じて執着心が起こるから、このような分別心、つまりものを二つに分けて考えることをやめなさいということ。すなわち、「妄想という邪念にとらわれることなかれ」。

対立的な考えから抜け出て、一行三昧、今なすべきことをひたすらなせということを説いている。

メタボリック症候群と言われる状態があります。過度の飲食や運動不足などによって、余分な脂肪などがどんどん増殖していき、それがやがては深刻な病を引き起こすことになる。まさに現代病の代表格でしょう。これは身体だけでなく、心にも同じことが言えるのです。物欲などの欲望がどんどん増していく。一つのもので満足せず、次から次へと買い求める。他人とばかり比較し、少しでも自分が上になりたいと願う。同僚よりも出世がしたい。よその子より自分の子がいい学校に入ってほしい。隣の家よりもいい車に乗りたい。縛られて、とらわれて、気がついたときには心のメタボになっている。これが果たして豊かな人生と言えるでしょうか。

すべてをゼロにすることです。とはいっても、やはり欲望をゼロにすることなどできるものではありません。ただ、ゼロに近づけるように努力することは可能です。もう一度、自分の心に問いかけることです。本当にこれは必要なのか。本当に自分はそうなりたいのか。手に入れた後には何があるのか。そこには確かな幸福が見えているのか。それよりも、今自分がなすべきことはないのか。一日に一度でも自分自身に問いかけることです。すぐに答えは出さなくてもいいのです。問い続けることで、不要なものが見えてきます。身体のメタボは医師が指導や治療してくれますが、心のメタボを治療できるのは自分だけです。

「経歴や自信は捨ててしまえ」

放下着　ほうげじゃく

【この禅語の意味】

一切の執着や思慮分別、悟りを開いたという自負心をも放り捨てなさい。放下とは下に置く、打ち捨てるという意味、着は命令を表す。すなわち、「打ち捨てろ」という意味。

趙州従諗《じょうしゅうじゅうしん》禅師の言葉で、厳陽尊者《ごんようそんじゃ》の「もはや捨てるものは何もない。何を捨てたらよいか」という問いに対して、「捨て切ったという思いも捨てろ」と答えている。

私たちには欲というものがあり、なかなか捨てられない。この言葉を肝に銘じたいものだ。

毎年衣替えの時期になると、同じ洋服に何度も出会うことがありませんか。二年も三年も着ていないのに、とにかく毎年のように引っ張り出す。どうせ今年も着ることはないだろうと思いつつ、でも捨てることはできない。いつか役に立つと思って取っておく。そういうものが毎年のように増えていく。一年間使わなかったものは、おそらくは必要がないものでしょう。三年間も寝かせているものは、すでに不要なものです。そういうものに執着しないで、思い切って捨てることです。捨てるという行為によって、不思議と本当に必要なものが見えてきたりする。人間の心とはそういうものです。

これはものに限らず、経験や自信といったことも同じです。いくら素晴らしい実績を残し、華やかな経歴を得たとしても、それを活かす場が三年もなければ、その経歴はゼロと同じこと。こういうことをやり遂げたという自信が持てたとしても、ずっとそれが評価されることもありません。経歴や実績などというものは、風のように過ぎ去っていくものなのです。

自信を持つことは大切です。それは人生を力強く歩むための糧になります。でも、それにしがみついてはいけません。何かにしがみつくということは、すなわち人生の歩みを止めてしまうことです。日々に捨てながら、また新たな一歩を踏み出すことが大事です。

「自らの心が道場」

直心是道場　じきしんこれどうじょう

【この禅語の意味】

これは維摩居士《ゆいまこじ》の言葉で、居士が町に入ってこようとしたとき、修行場所を探して、町を出ようとしていた光《こう》厳童子《ごんどうじ》が居士に「どこから来たのですか」と尋ねる。維摩居士は「道場から来た」と答えた。童子は「道場はどこにあるのですか」と尋ねると、居士は「直心是道場」と答えた。

光厳童子は、静かに修行できる場所こそが道場であって、町にはないと考えていた。しかしこれに対し、維摩居士は、たとえ町中にあっても、自己のありのままの心が道場であると答え、童子の固定観念を打ち破ったのである。

なそうとする気持ちさえあれば、場所などは関係がない。大切なことは周囲の環境や条件ばかりを整えることではなく、やろうとする気持ち。心がけ一つで何でもなすことができるものです。

同じような言葉で「歩々是道場」というものがあります。一歩一歩のすべてが修行道場であるという意味です。僧堂の中にいなくても坐禅を組むことはできます。庭の石の上でも坐禅は組めますし、坐る場所がないのなら立っていてもできる、立禅というものもあります。日常生活の中でも、たとえば勉強はどこででもできます。勉強部屋がなくても、立派な机やふかふかの椅子がなくても、その気にさえなれば公園のベンチででもできます。整ったアトリエがなくても、絵はどこででも描くことができます。絵を描くための道具が完璧に揃っていなくても、紙と一本のペンがあれば十分です。肝心なのは勉強しようとする心。絵を描きたいという気持ちなのです。

現代は恵まれた環境にあります。何かをしようとすれば、そのための快適な環境が用意されています。子どもの頃から勉強部屋が与えられ、会社でも立派なデスクが専用にある。それが当たり前だと思ってはいけません。大切なのは道具や場所ではなく、何かをなしたいという熱意なのです。それなくしては、すべてが無用の長物となってしまうのです。

「普段の生活そのものが悟り」

平常心是道　びょうじょうしんこれどう

【この禅語の意味】

日常生活そのもの、当たり前の心こそが道であるという意味。

悟りとは特別なところにあるのではなく、たった今の心こそが悟りであるという意味の言葉。千利休は「茶の湯とはただ湯を沸かし茶を点《た》てて飲むばかりなることと知るべし」と言っている。禅の初祖・達磨大師は坐禅をもって心の平安を得たように、私利私欲にとらわれず心を空ずることである。

馬祖道一《ばそどういつ》によるこの言葉は、その後の禅思想の大きな拠り所となった言葉である。

禅の修行というのは、生活に多くの制限が課せられます。特に入り立ての頃は、日々が空腹との闘いです。もうとにかく、これ以上空腹になったら、死んでしまうのではないか。そう思えるくらいに食事の量は制限されます。それに加えて精進料理ですから、肉や魚は一切口にしません。若い修行僧にとっては、耐えられないほどの空腹感です。そんな生活ですから、どんな食事でも素晴らしくおいしくいただくことができます。食べられることの喜びが身にしみて分かるのです。また、朝から坐禅と正座の繰り返しです。長時間正座をしていると、掃除の時間が楽しみで仕方ありません。掃除をしている間は身体を動かすことができるからです。掃除ができることのありがたさ、あるいは夜に布団で眠れることのありがたさ。日常生活のすべてがありがたいと感じるようになるのです。普段は当たり前だと思っていること。食べられるのは当たり前。眠れるのも当たり前。親がいてくれるのも当たり前。私たちはついそう思ってしまいます。でもそれは、けっして当たり前のことではないのです。食べられなくなって初めて食事のありがたさに気づく。親が死んで初めて、いてくれたことへの感謝が湧いてくる。それでは遅いのです。

人生の幸福や喜びとは、ごく普通の生活の中にこそあるものです。特別な場所にあるのではなく、あなたの目の前にこそあります。そこに心を寄せることです。

「自ら体験してみる」

冷暖自知　れいだんじち

【この禅語の意味】

「人の水を飲みて冷暖自知するが如し」（人が水を飲んで冷たい熱いを知るのと同じ）というのが元来の意味である。何事も実際に自分で経験をしてみなければ、分かるものではないということであり、単に、頭で理解しているつもりということは、全く自らがつかんだものではない、ということを説いている。

悟りの体験も全く同様で、実際に体験した人でなければ分からないと説く。

人間には五感というものが備わっています。視覚、聴覚、嗅覚、味覚、触覚の五つです。これらの感覚を総動員しながら、世の中の現象に接していくこと。それがいわゆる体験となるのでしょう。

街を歩きながらも、五感を研ぎ澄ませて自然を感じることです。美しく咲いた花を目で楽しむ。鳥の囀りに耳を傾ける。風を頬に感じながら、その中にある香りを感じる。そして自然がくれた贈り物をしっかりと味わう。そうすることで、生きているという実感が生まれてくるのです。

今はバーチャルの時代です。コンピューターの画面からは美しい映像が流れてきます。しかしそこには匂いも味もありません。それは確かな実体ではなく、ある意味では虚構の世界ともいえます。この流れはもう止めることはできません。ただし、その虚構の世界だけに生きてはいけません。虚構の中には、虚構の幸福しか存在し得ないからです。

自らの五感を通して、さまざまなことを経験することです。辛いことも嫌なことも、全身で受け止めてみること。さわやかな風ばかりでなく、ときには暴風の中にも立ちすくんでみることです。その一つ一つの経験を通してこそ、人は自分の存在を確認することができるのです。常に五感を研ぎ澄ますことで、本当の自己に出会えるのです。

「努力すれば道は開ける」

水到渠成　すいとうきょせい

【この禅語の意味】

水が流れるところには、自然に渠ができる、という意味。

何事も無心になって、ひたすらになすべきことをし続ければ、気がついてみると水が渠をつくるように、人には道が開けてくるのである。

また、力量のある師のもとには、自然とたくさんの人が集まってくる、という意味で使われることもある。何事もなさねば道は開かない。

物事がうまくいかないときがあります。いや総じて言えば、うまくいかないときのほうが圧倒的に多い。それが人生というものです。努力は必ずしも実りません。どんなに一生懸命に努力を重ねても、結果が出ないことなどしょっちゅうです。そのときにどう考えるか。それがとても大切なのです。

もっとも悪いのは、ふて腐れてしまうという行為です。どうせ自分はダメなのだと投げ出してしまう。他人とばかり比較して、結果が出ないことに嫌気が差してしまう。諦めて、ふて腐れて、前に進むことをやめてしまう。やがては生きる意欲さえもなくしてしまう。こうなってしまったら、人生はとてもつまらないものになります。

どうして人間は努力をするのですか。具体的に成功を収めたいから。社会から評価をされたいから。あるいは自分の夢を叶えたいから。さまざまな欲求を満たすために努力をしている。それは悪いことではありません。向上心を持ち続けることで、人は成長することができるのですから。ただし、あまりにも結果だけにこだわってはいけません。たとえ結果が出なくても、その努力はけっして無駄にはなりません。無駄な努力などというものはこの世にはありません。努力すること、その姿勢こそが大切なのです。言うなれば、努力するために私たちは生きている。それを知ることです。

「なすべきことをなすための自戒」

一日不作　一日不食　いちにちなさざれば　いちにちくらわず

【この禅語の意味】

これは、八世紀の中国唐代に活躍した百丈懐海禅師の言葉に由来する。八十歳を過ぎても若い修行僧たちと作務をしていた禅師を見かねた弟子たちが、ある日百丈禅師の農具を隠してしまう。百丈禅師はやむなく、その日の作務を休む。その日から食事をとらないので、弟子たちがその理由を問うと、「一日不作　一日不食」という言葉が返ってきた。直訳すると、「なすべきことを行わなければ、その分食事をしない」。

禅の作務は「人が人であるための基本的行為」なのである。

今自分がなすべきことは何なのか。やるべきことは何なのか。ただそのことだけに思いをはせながら、日々を生きていくことが大事です。あれこれと明日のことを心配するのではなく、ともかく今日という日を生きることです。

たとえば借金を抱えていれば、もしも返せなかったらどうしようと悩むでしょう。でも、悩んだところで借金は減りません。ならば今日一日を一生懸命に働くこと。仕事がなくて困っているのなら、まずは身体を使って探し回ることです。家でじっとしていても、仕事はやってきません。できることをまずやってみること。それがやがては解決へと導いてくれるのです。

病もしかり。病魔に襲われることは恐ろしいことです。恐怖感が募り、明日への希望も失くしてしまう。いくら人間はいずれ死ぬことが分かっていても、それが我が身に振りかかれば動揺を隠すことはできません。人間とは弱きものです。しかし、だからといって病を恐れてばかりいても仕方がない。もしかしたら明日にも起き上がれなくなるかもしれません。でも今は起き上がることができます。ならば起き上がって、他人のためにできることをしてみる。自分がやれるだけのことをやってみる。なすべきこと、できることを必死になって探してみる。それが人としての生きる道なのです。

「観音様のごとく生きる」

慈眼視衆生　福聚海無量　じげんししゅじょう　ふくじゅかいむりょう

【この禅語の意味】

観世音菩薩の慈悲の眼を持って人々を見、福徳が海のように広く無量に集まっていること。

人はとかく自分中心に物事を見て、判断してしまう。しかし、観音様はすべてのものに、慈しみの眼を持って見ている。大慈悲の眼を持って私たちを見てくださる。

人もこの心を抱くことができれば、素晴らしい世界が広がることであろう、ということを意味しているのである。

ダライ・ラマやガンジー首相、キング牧師やマザー・テレサ。彼らのもとには世界中から多くの人々がやってきます。そして誰もが、心穏やかな幸せな気持ちになって帰っていきます。それはどうしてか。かの人たちは皆、他人のために生きているからです。人間がより人間らしく生きるために必要となるもの。それは慈悲の心ではないかと思います。自分のことを考える前に、相手のことを考える。それは自分の主張を押しつけるのではなく、まずは相手の気持ちを分かってあげようとする。自分を犠牲にしてでも、他人のために尽くそうとする心。その慈悲深さこそが、共に生きる社会の中では大事なのです。

大きな犠牲を払ってまで、他人のために尽くすことはありません。またそれは現実的には難しいことでしょう。ただ、ほんの少しの犠牲で済むのなら、我がことよりも相手のことを考える。そういう姿勢こそが、自らの人生をも豊かにしてくれるのです。

またもう一つ、犠牲を払っていると自分では感じていても、それが本当に犠牲なのかどうかを考えることです。家族のために時間を犠牲にする。会社のために自分は犠牲を払っている。本当にそれが犠牲と言えますか。何かに執着しているから犠牲だと感じてしまう。そうではありませんか。家族のために時間を割くことは、犠牲ではなく幸せなことではないですか。

「相対の世界から抜け出す」

一片好風光　いっぺんのこうふうこう

【この禅語の意味】

この語は白隠禅師《はくいんぜんじ》が大燈国師《だいとうこくし》（宗峰妙超《しゅうほうみょうちょう》）の語録に注釈を付けた『槐安国語《かいあんこくご》』に「陰陽不到の処、一片の好風光」と出てくる。人は一般的に、陰とか陽とか、あるいは苦と楽とか物事を相対的に見て判断する。白隠禅師は、これを超越したところに絶対的世界が広がると言っている。一切の分別心をつきぬけたところに無心が存在する。その世界は、もはや迷うこともない。それはどこか別の世界にあるのではなく、分別心を断ち切れば、どの場であっても、すべて絶対の光を放っている存在ということが分かるのだ。

庭園のデザインを手がけるとき、そのイメージはすべて私の頭の中にあります。一応工事用にきちんとした設計図は施工者に渡してありますが、それは現場でどんどん変化していきます。一つの空間に石を置く場合でも、そのときの感性をもって指示を出していく。理屈では説明ができないものがそこには存在するのです。

「不立文字　教外別伝」という言葉が禅にはあります。要するに禅の教えというものは完全に文字にすることなどできない。言葉で教えることなどできない。だから沈黙を保つことになる。その沈黙の中にこそ、真の教えがあり、それは教えられるものではなく、自らが見つけ出すのだという意味です。非常に哲学的な考え方ですが、実はこれは日常の中にもあるものです。たとえば「行間を読む」などという言い方もあります。言葉は意思を伝えるものではありますが、言葉だけでは伝わらない思いや気持ちもある。どう表現していいか分からない。そんなときには、互いの言葉の裏にあるものを探し出す。能や歌舞伎などの芸術にも「間」というものがあります。言葉にも表せない、身体でも表現できない心の言葉を、「間」というもので表す。それが深みを生み出し、想像力をかき立てる。これは日本人が得意とする感性ではないでしょうか。目に見えるものがすべてではありません。そこだけに執着していると、その奥にある真実を見失うことになるのです。

「ありのままの心が道を示す」

直心是我師　じきしんこれわがし

【この禅語の意味】

執着や偏見などで凝り固まった自我を捨てきった、ありのままの自己の心が、道を指し示す自らの師である、という意味。

私たちは、「真理」というと、どこか遠くにあるような気がしてしまう。真理を求めようとするとき、自己の外に求めようとする人が多い。それではいつまで経っても真理は得られない。

自己の内に向かって探求し、真実の自己を見つけ出してこそ初めて真理をつかむことができるのだ。

自分はどのような人生を送っていくのか。そして最後には、どのような生きざまを残してこの世を去っていくのか。「生きることの価値観」というべきものを、しっかりと考え尽くすことです。これさえしっかりと持っていれば、その他の価値観は自然と固まってきます。お金に対する価値観も、仕事や家庭に対する価値観も、けっして揺らぐことはありません。大本となる「人生の価値観」を持つことこそが、自己を発見する近道ともなるのです。

就職試験などの面接では、何を聞かれるかは分かりません。だからみんなが緊張します。どんなことを聞かれるのだろうか。うまく答えることができるだろうかと。でも、自分はこのように生きていきたいという芯の部分さえ決まっていれば、いかなる質問にも答えられるものです。芯の部分が揺らいでいるから、相手に受けようという意識ばかりが出てきてしまう。だから本来の自分の姿が伝わらないのです。

自分の心と、もっと対話をすることです。自分自身をしっかりと見つめ、どのような人生を歩んでいくのかを見極めること。そうすれば、余計な情報や他人の意見に惑わされることはありません。上辺にくっついているものを取り払って、ありのままの自分を見つめること。それができれば、人生はとても楽になるものです。

「すべてが露《あらわ》れている」

露堂々　ろどうどう

【この禅語の意味】

この世にあるものはすべて何一つ隠すことなく、明らかに露《あらわ》れている、という意味。

真理はとても奥深いところに隠れていて、誰しも簡単には見られるものではない、と考えられがちだが、実はそうではない。

大事なのはそれを見抜く目と心を養うことだ。そのためには修行が必要となるのである。

「真理」というのは難しく考えがちですが、永平寺の貫首を務められた宮崎奕保《えきほ》禅師が分かりやすく言っています。それは「あるべきものが、あるべきところに、あるべきようにある」という状態なのです。私が住職を務める建功寺。門をくぐったところに木でつくったベンチが置かれています。お墓参りに来られたお年寄りたちが身体を休めるようにと設えたものです。檀家の人たちはお参りが終わると、必ずそこに座って一服される。もしもベンチを移動したら、きっと皆さんは戸惑ってしまうでしょう。いつもそこにはあるという存在。それもまた真理と言うべきものなのです。石ころが山道にあるように、貝殻が海辺にあるように、あるべきところにあるもの。そこに心の目を開くことです。今あなたは、自分がいるべきところにいますか。もし、今の状況がとても苦しくて、心が落ち着くことができない。そう感じるのであれば、そこは、あなたがいるべき場所ではないのかもしれません。今の仕事に耐えられないほどの苦しみがあるとするなら、それはあなたがやるべき仕事ではないかもしれません。もちろん我慢することも大切でしょう。しかし命をかけてまで、耐えなければならないことなどありません。そんな場所で死を選んではいけません。心が叫ぶほどに苦しいのならば、そこから逃げることです。そして本来自分がいる場所を探すことです。もっとも大切な真理とは死ぬまで生きることです。

「姿勢をただす美しさ」

形直影端　かたちなおければかげただし

【この禅語の意味】

この言葉は、身体（形）の姿勢が正しければ、その影も自ずから端正となる、という意味。

これは中国唐代の禅僧、潙山霊祐《いざんれいゆう》和尚の著書の中に出てくる言葉である。禅で身体の形を整えることによって、心も自然と清らかになる。坐禅で姿勢を正して坐ることの重要性がここに示されている。そうすると自然に日常生活における姿勢も整うことになるということを説いている。

心と体は常に一体となっているものです。心が整っていなければ、身体は悪くなります。身体の調子が良くないと、心がざわついてしまいます。常にそれは一体です。朝起きたとき、五分でもいいですから坐禅を組んでみてください。静かに坐り、丹田で呼吸を整える。それが終われば部屋の中を整える。玄関の靴をきれいに揃え、窓を開け空気を入れ替え、掃除をする。それだけのことで、心はすっきりと整うものです。そして心が整えば、身体も自然と元気になります。

私たち禅僧は修行中毎朝、寺の隅々まで拭き掃除をします。毎日しているのですから、汚れはほとんどありません。それでも一生懸命に掃除をする。それは修行の場を美しく保つと同時に、我が心を磨くという目的があるのです。美しい場には美しい身体と心が宿るものです。朝に家の中を整えることで一日を始めてください。

美しい佇まいの人には、同じように美しい心を持った人が集まるものです。つまりは良い縁がやってくるということ。ダラダラとした風情で、身体にも覇気が感じられない人のところには、悪い縁しかやってきません。類は友を呼ぶとはそういうことです。どんな格好をしていようが、心がきれいならばいい。人は外見ではないと言う人もいます。しかし、それは違います。外見は大切です。その向こうには心が透けて見えるものです。

「どの道も幸せに通じる」

大道通長安　だいどうちょうあんにつうず

【この禅語の意味】

この言葉は、趙州従諗《じょうしゅうじゅうしん》の修行僧からの質問に対する答え。修行僧が「道とはいかなるものか」と質問すると、和尚は「道は垣根の外にある」と答える。すると修行僧は、「単なる道ではなく、大道を尋ねている」と言う。大道とは「仏道の道、すなわち真理への道」。これに対し、趙州和尚は、「大道通長安」と答える。

唐王朝の都である長安では、すべての道が長安に通じており、どの道を通ろうが皆長安に至る。仏道の道を究めることにも決まったものなどない。誰でもどの道を通っても長安に到達できるものなのだ。

「幸せになる方法」「こうすれば幸福がつかめる」。こういった書物が書店に多く並んでいます。いわゆる幸せになるための技術が示されているのでしょう。こうした書物を手に取りたくなる気持ちは分かりますが、それで幸せになれるとはとても思えません。

あなたにとっての幸せとは何ですか。もしもそれが、お金をたくさん稼ぐことだとしたら、それは、そのためのテクニックを学べばいい。出世することだけが幸せだと考えるなら、出世するための方法論を学べばいい。しかし、そんなものに幸せを見出せないとしたら、幸福への道しるべは自分で探すしかないのです。

幸福への道は一つではありません。この道を通らなければ幸福にたどり着けない。そういうものではありません。そこにたどり着く道は数え切れないほどあります。言い換えればその道は、人の数だけあるのです。どんな道でもかまいません。自分自身が決めた道を一生懸命に歩いていく。それがいつしか幸福という駅に導いてくれます。そして、最後に降り立ちたい駅は、みんなそれぞれ違います。人と同じ場所に行かなくても、自分が幸福を感じられる場所であれば、それが一番なのです。何が自分にとって一番の幸せなのか。いつもそれを考えることです。もちろん「一番」はときには変わるものです。ずっと一番のものもあるし、変わりゆく一番もある。それが何なのかを考え続けることです。

「自分でしなければ意味がない」

他不是吾　たこれわれにあらず

【この禅語の意味】

今、自分の目の前にあることに、微塵の余念もまじえず取り組むことの貴重さを示した言葉である。

道元禅師が中国の天童山で修行していたときのこと、仏殿近くの廊下で年老いた典座（禅寺で山内の僧の食事を調え、大変重要視されている役）が暑いさなか海藻を干していた。杖をつき腰は曲がった老僧は頭に笠もかぶらず、照りつける太陽のもとで汗を垂れ流しながら作業をしていた。それを見た道元禅師が、「なぜ下職の人にやらせないのですか」と尋ねたときの答えが「他不是吾」。他人がしたことは自分がしたことにはならない。

日常を送る中では、やらなければならないことがたくさんあります。やりたくはないけれど、やらなくてはいけない。そういうことのほうが圧倒的に多いのが人生というものです。そのときにどう考えるか。「やらされている」と考えてはいけません。きっかけは指示されたことでも、いざ始めるときには「自分がやっているのだ」という意識を持つことが大事です。常に人生の主体は自分自身にあることを自覚することです。

同じことをやるにしても、「やらされている」と思いながらやっていれば、絶対にいい結果は生まれません。それどころか心身共に疲れ、ストレスは溜まるばかりでしょう。そうではなく「これは自分がやりたかったことなのだ。そのきっかけを与えてくれたのだ」と、そう思うことでどんどんやる気が出てくる。人間とはそういうものです。

他人任せという言葉があります。自分ができるのに、面倒臭いがために他の誰かに任せてしまう。何ともったいないことだと思いませんか。せっかく目の前にやるべきことがあるのに、それを自分でやらない。人生経験の一つを放棄してしまうようなものです。面倒で何もしたくない。何もしないでいることは幸せな生き方なのでしょうか。自分でやってみて、うまくいったり失敗したりする。生きている実感はそこからしか生まれません。

「誰のためでもない　ただひたすらに」

百花春至為誰開　ひゃっかはるいたってたがためにかひらく

【この禅語の意味】

「この花はいったい誰のために咲いているのか」という意味である。

春が来て一斉に花が咲き満開となる。もっとも美しいときであるが、花は誰のためでもなく、花であるからただひたすらに咲くのだ。花は自らの本分を全うしているにすぎない。

何の作為《さい》（目的や思い入れ）も持たず、ただ無心であればこそ時期が来れば咲くのである。結果として人々の眼を楽しませてくれている。そして見る人の心に感動を与えてくれるのだ。

日々に修行を重ねている僧侶には、きっと不安感などは宿らないのだろう。そう思われるかもしれませんが、そんなことはありません。小さなことも気になり不安にかられることなどしょっちゅうです。鐘を突くときにも、いい音色が出せるだろうか。今日の音は変だったと思われていないだろうか。あるいはお経をあげるのを間違えてしまい、こんなことではみんなに迷惑がかかってしまう。そんな不安や心配事があるのは修行僧も同じです。どうして磬《かね》の音色が気になるのでしょうか。毎日あげているはずのお経をどうして間違えるのでしょうか。それは誰かを意識するからこそです。いい音を聞かそうとして鐘を突く。失敗したら恥ずかしいと思いながら経をあげる。そういう雑念の中にこそ、失敗というものが潜んでいるのです。

誰かのためでなく、誰かを意識するのではなく、ただ無心になって鐘を突く。その瞬間の音色こそが、人々の心を打つのです。雑念を取り払って無心であげるからこそ、そのお経が人々を悲しみから救うのです。人間はつい、自らの行動の評価を気にしてしまいます。自分がやったことに対して、他人がどう思うかを考えてしまう。社会で生きている限りは仕方のないことかもしれません。それでも、できる限り無心になる努力をすることです。他人を気にするから不安が生まれる。不安が生まれるから無心になれない。堂々巡りです。

「自らの心の中に仏はいる」

無事是貴人　ぶじこれきにん

【この禅語の意味】

真理は心の外に求めず、自分の心中に求める人のことを意味した言葉。

臨済禅師は「無事是れ貴人　但《た》だ造作《ぞうさ》すること莫《なか》れ、祗《た》だこれ平常《びょうじょう》なり」と説いた。無事とは無造作であること で、平常、すなわち、普段の当たり前の心の意味。人は誰しも心の奥底に仏（真理）が宿されているが、それに気づかず他に求めようとする。どこか遠くに行かないと見つからないような気持ちを持つ。しかし、禅では、仏（真理）は誰しも生まれたときから心の奥底にあると説くのである。

善きことをなしながら美しい人生を歩みたい。他人を傷つけることなく迷惑をかけることなく、慕われながら生きていきたい。誰もがそう願っているはずです。ところが現実にはそうはいきません。良かれと思ってしたことが、相手を傷つけることもあります。知らず知らずのうちに悪い縁を結ぶこともあるでしょう。それが人生です。

ただし、その人生に取り返しがつかないことなどありません。どんなに悪い縁を結んだとしても、自らの意思によってそれを断ち切ることができます。相手を傷つけたとしても、ひたすらに努力することで信頼を取り戻すこともできます。だからこそ、今という時間を生き切ること。それが禅の考え方です。

「明珠在掌《みようじゆたなごころにあり》」という言葉もあります。明珠とは宝石のことで、ここでは仏心のことを指します。誰もが生まれながらにして、心の中に仏心を持っている。智慧と慈悲の心を持っている。しかしそのことに気がつかずに、遠きにあるものと信じて彷徨《さまよ》っている。そんな人間の姿を表している言葉です。我が心の中にある、美しい慈悲の心に気づくことです。自分という存在はけっして悪しきものではない。善というものを生まれながらに持っている。その真実に気づくことで、人生は大きく方向転換ができるはずです。生まれながらに悪を抱き、汚れ切った人間など一人もいない。それを信じることです。

「とらわれを離れた心は、すべてをありのままに映す」

無一物中無尽蔵　むいちもつちゅうむじんぞう

【この禅語の意味】

北宋時代の蘇東坡《そとうば》（蘇軾《そしょく》）の詩で、「無一物中無尽蔵《むいちもつちゅうむじんぞう》有花有月有楼台《はなありつきありろうだいあり》」という対句になっている。「無一物」とは、何ものにもとらわれない心をいい、あらゆる煩悩や執着を離れた心には、すべてのものが、ありのままに映る。すなわち、万物の絶対的真理を見ることができる。それが無尽蔵。

花や月や楼台が色眼鏡を通さずにそのままに見えることが、得難いことであり、尊いのである。

すべての人間は、何も持たないでこの世に生まれてきます。身も心も、まさに裸の状態で生まれてきます。それが社会の中で生きるうちに、いろいろなものを身に付けていく。お金や物、あるいは社会的な立場というものです。もちろん、それらを抜きにして人生を考えることはできません。ただし、それらに執着してはいけません。一旦手にしたものは手放したくない。そんな執着心が強いほどに、人は不安にかられるものです。失いたくないという執着から解き放たれることです。死を迎えるときには、人はあの世に何も持っていくことはできないのですから。

もしも今、心に不安を抱えているのなら、何かに縛られるような苦しみにもがいているのなら、あなたの周りにある無駄なものに目を向けてください。そしてそれをきっぱりと捨て去ることです。不要なものに囲まれているから、不要な執着心と不安感が襲ってくる。思い切って捨て去ることで、本来の自分の姿が見えてくるものです。

ただ、実際に地位などを捨てることはできません。現実に捨てるのではなく心の中で捨ててしまうこと。あるいは捨てる瞬間を持つことでもかまいません。そうすることで、本来持っている仏性が顔を出してくれます。本当の自分とは何か。本当の幸せとは何か。人間の真実はどこにあるのか。この世の真理とは何か。禅とは、それを探し続けることです。

「〝答え〟を求め続けることで目が開く」

香厳撃竹《きょうげんげきちく》

【この禅語の意味】

香厳和尚は師の潙《い》山《ざん》霊《れい》祐《ゆう》和尚から「父母未生以前の一句を言ってみよ」という公案を与えられ、ついに答えることができなかった。和尚は非常に学の高い人だったが、師のもとを離れ、真理を求めるためには、文字や知識を頼ってはいけないことに気づき、書籍をすべて焼き捨ててしまい、自らが尊敬する慧忠国師の墓守りをする。ある日、掃き掃除をしているときに小石が飛んで竹に当たり、その音を聞いて悟った。石が竹に当たったことが重要なのではなく、そのきっかけが重要だ、そして求め続けることが大事だということである。

人生という道のりは、すべてが初めてのことばかりです。二度も三度も人生を経験することはできません。だから一生なのです。小学校に入るときも、高校生になるときも、大学を卒業して就職するときも、結婚や出産も、すべてが初めての経験です。初めて経験するのですから、最初からうまくいくはずはありません。試行錯誤をしながら、失敗を繰り返しながら、人は初めてのことをなし遂げていく。そうして最後には、初めて死というものを迎える。それが人生というものです。

だからこそ、私たちは常に考え、求め続けていかなければなりません。自分の存在とは何か。自分が歩むべき道はどこにあるのか。我が人生とは何なのか。それらを考え続けることが、すなわち人生そのものなのです。考えることをやめてしまう人がいます。周りに流され、他人の意見ばかりに振り回される。自分が行くべき道を、他の誰かに選んでもらおうとする。それは楽なことかもしれませんが、それでは自分の人生だとは言えません。他人に操られている人生です。

いくつになっても、人生とは何かを考え続けることです。さらに善きものにするためにはどうすればいいのか。その答えを求め続けることです。そしてその答えは、きっとあなたの日常の中に落ちています。その種を拾い集めてください。

「日常にこそ真実がある」

喫茶去　きっさこ

【この禅語の意味】

唐代の禅僧・趙州従諗《じょうしゅうじゅうしん》は、訪ねてくる修行僧に対し「曽《かつ》て此間《すかん》に至るや」（ここへ来たことがあるか）と尋ね、「来たことがある」と答えた人にも、「来たことがない」と答えた人にも「喫茶去」（お茶を召し上がれ）と言った。それを聞いた院主が、どうしてどちらの人にもお茶を飲ませるのか、と尋ねた。そこで趙州和尚は、この院主にも「喫茶去」と言ったという話に由来する。

一杯のお茶を喫するときは、ただ無心にお茶を喫するのみ。日常生活のありようが仏法（真理）そのものである。

趙州和尚のところには、多くの修行僧が教えを受けに訪れました。「本当の仏法とはどういうものなのですか」と聞きに来ます。和尚さんから知恵を授かろうとやってくるわけです。ところが和尚さんは、誰が何を聞いてきても、「お茶を召し上がりなさい」としか言いません。仕方なく修行僧たちはお茶をいただく。すると誰もが「ああ、おいしい」と呟く。和尚さんはその姿を見て言います。「それが仏法なんです」と。

つまり、真実というものは、何気ない日常の中にあることを教えているのです。それは何も難しいことではありません。寒い冬に湯船につかる。心も体も温まり、「ああ、何て気持ちがいいんだろう」と思う。お腹を空かせて夕餉の席に着く。一杯のお味噌汁を口に含んだとき、「ああ、おいしいな」と心から思う。この瞬間こそが、生きているという真実なのです。

日常とは淡々としたものです。特別な「ハレの日」はとても少ない。つい人間は、その特別な日を欲してしまう。淡々とした日常はつまらないと感じてしまう。それは大きな間違いです。淡々とした変化のない日常の中にこそ、本当の幸せが潜んでいます。生きているという実感がそこにはあります。それらを見つけ出して、ありがたいと感じる心を持つことです。真実とは、すべての人の隣に寄り添っているものです。

文庫版　あとがき

単行本『そのままで　心を楽にする禅の言葉』を出版して、おおよそ一年半、このたび、文庫本を出版させていただく機会を得ましたことは、大変光栄なことであります。特に、「禅語」に関する著述は、読者にとっては堅苦しく思え、手の伸ばし難い本になるのではないかと思います。しかし、そのような心配をよそに、早い段階で文庫本化がなされたことは、大変喜ぶべき出来事であります。

ここで少し本書が出版されました時代背景を見てみましょう。世の中全体が活気づき、どんどん成長している時代。誰しもひたすら前を向き、前進をしているときには、この手の本は本当に禅に興味がある人しか読まなかったに違いありません。しかし現代は、誰しも先の見えない社会に不安を感じ、将来に夢が持てないでいます。それどころか、自らが働いている会社や、同僚、友人さえもが信じられないという言葉まで耳にする時代なのです。

すると人は何を拠り所に生きていけばよいのでしょうか。普通に生きているつもりでも、どうしても途方に暮れてしまう――。ここに今、「禅」が人々から注目を浴びている大きな原因があるといえましょう。

近年、私のところへの「禅」に関する取材の申し込みや出版に関する依頼、そして、私は庭園デザイナーとしての仕事もしていますが、人々が癒やされる場としての「禅の庭」の依頼が確実に増えてきています。また一方で、私が住職を務めております横浜の建功寺に、「坐禅会」の問い合わせも年々増加しております。今では、本堂の広さにも限界があり、対応しきれない人数になっていることを説明し、他の場所での坐禅会をご紹介させていただいている次第です。これも今の社会状況が色濃く反映されてのことでしょう。

このように、世の中の人々が、心の拠り所を求めている時代。それも老若男女を問わず、です。

それは鎌倉時代です。これと似た時代が歴史的にもありました。時代背景は現在とはだいぶ異なりますが、人々が禅に大変関心を深めた時代でした。それも、武士階級の人々が、特に「禅」に傾倒していた時代です。この時代、世は争いごとに満ちていました。そんな時代に生きる武士たちにとって、「禅」は心の支えになっていました。明日、戦いが始まるかもしれない。そうなれば、自分の命は明日でなくなる。したがって、生きている今日という日を大事にしなければならない。鎌倉時代は、まさに「禅」の精神が広く受け入れられていたのです。

時代は大きく変わりましたが、現代に生きる人々は、明日、突然会社のリストラ候補になるかもしれない。仲が良いと思っていた友に、突然、自らのノルマのために、裏切られるかもしれない。そんな時代です。このような時代であるからこそ、心を穏やかにして暮らしたい、と誰しも願ってやまないのです。「禅」は、どのようなときでも心を穏やかに保ち、明るい心でいることを心がけます。そして、明日が明るいものだと信じられるからこそ、今を頑張って生きてゆけるのです。将来に希望を持つということは、人生を歩む力につながるものなのです。

私の好きな「安閑無事《あんかんぶじ》」という禅語があります。安らかで平穏な状態を意味する言葉ですが、このような時間を感じながら生活ができれば、これほど幸福なことはありません。何の心配もなく、静かに暮らすことができる日々、何ものにもとらわれることなく、自由な心で過ごす日々。こういう状態こそが幸せそのもの、ということです。「よき人生」とは、安らかで平穏な日々をいかにたくさん感じるかでしょう。毎日、一度は安らかで平穏な時間に感謝の気持ちを持つことです。たとえば、朝いちばんに、戸を開けて新鮮な空気を体一杯に吸い込みながら「今日も健康に目覚めることができた。新しい一日を精一杯頑張ろう」と感謝しながら今を生きている素晴らしさを実感する。「安閑無事」という禅語は、こんな生き方を教えてくれる言葉なのです。

「禅語」は、禅門独特の言葉のことで、禅僧たちが厳しい修行を通して、「本来の自己」に目覚めた後の、自由闊達な境地から発せられた言葉です。その言葉が弟子から弟子へと脈々と受け継がれ、今日に至っているものです。ですから「禅語」には実に数多くの言葉があります。そのような中で、本書では代表的なものを選び、まとめてみました。こうした「禅語」には、一つひとつに深い意味があり、生きてゆく上での大切な知恵が託されています。今回は、現代社会に合うよう、私なりの解釈をつけました。「禅語」は、人の悲しみや苦しみを和らげてくれ、自らの執着心や妄想に気づくきっかけを与えてくれます。そして、清らかな心で、再び一歩を踏み出せるような勇気をも与えてくれます。生きてゆくためにもっとも大事なことは何かを教えてくれている。難しいことを考える必要はありません。きっと読者の皆さまは、心を清らかにして「禅語」と向き合っていただくことができたのではないでしょうか。

本書で紹介した「禅語」は、それぞれ読者の皆さまの置かれている状況や、抱えている苦しみ、悩みによって、心に染み込んでくるものが異なったはずです。いや、異なってよいのです。人は皆、置かれている状況が異なっているのですから、その人、その人に語りかけてくる「禅語」が異なってよいのです。本書から、たった一つでも、あなたの心を励ましてくれる言葉を見つけることができたのであれば幸いです。

本書が出版されるに当たり、朝日新聞出版の大崎俊明さんには、大変お世話になりました。単行本の出版のときより、今回の文庫本に至るまで、ひとかたならぬお世話になりました。この場をお借りしての御礼とさせていただきます。

合　掌

平成二十四年秋彼岸　建功寺にて　枡野　俊明

参考文献

『禅語百選』（松原泰道・著、祥伝社）
『きょうの杖言葉　一日一言』（松原泰道・著、海竜社）
『人生をささえる言葉』（松原泰道・著、主婦の友社）
『禅、「あたま」の整理』（藤原東演・著、三笠書房）
『道元「禅」の言葉』（境野勝悟・著、三笠書房）
『続　ほっとする禅語70』（野田大燈・監修、杉谷みどり・文、石飛博光・書、二玄社）
『図解　禪のすべて』（鈴木大拙・監修、篠原壽雄、佐藤達玄・共著、木耳社）
『茶席の禅語大辞典』（有馬賴底・監修、淡交社）
『禅学大辞典』（駒澤大学内禪学大辞典編纂所・編、大修館書店）

禅の言葉に学ぶ　ていねいな
暮らしと美しい人生
朝日文庫

2012年11月30日　第1刷発行
2023年4月10日　第5刷発行

著　者　枡《ます》野《の》俊《しゅん》明《みょう》

発行者　三宮博信
発行所　朝日新聞出版
〒104-8011　東京都中央区築地5-3-2
電話　03-5541-8832（編集）
03-5540-7793（販売）
印刷製本　大日本印刷株式会社

Published in Japan by Asahi Shimbun Publications Inc.
定価はカバーに表示してあります

ISBN978-4-02-261742-2